U0733909

大师趣闻

张世林 编

北 京 联 合 出 版 公 司

图书在版编目（CIP）数据

大师趣闻／张世林编．—北京：北京联合出版公司，2011.5

ISBN 978-7-5502-0270-2

Ⅰ．①大… Ⅱ．①张… Ⅲ．①名人—生平事迹—中国—现代 Ⅳ．①K820.7

中国版本图书馆CIP数据核字（2011）第097596号

设计制作／智品書業 ZHIPIN BOOK

大师趣闻

作者：张世林

选题策划：智品书业（北京）有限公司

责任编辑：王巍

封面设计：翁涌

版式设计：梁定武

北京联合出版公司出版

（北京市朝阳区安华西里一区13号楼2层　　100011）

北京市通州富达印刷厂印刷　　新华书店经销

字数：140千字　　150mm×225mm　　1／16　　13印张

2011年7月第1版　2011年7月第1次印刷

印数：1-6000

书号：ISBN 978-7-5502-0270-2

定价：28.00元

前言

这本书的名字我原定为《学林杂记》，是因为在此之前，即1999年和2000年我先后主编出版了《学林春秋》六卷本和《学林往事》三卷本，而本书与这两部书是相配套的，即我设想的“学林三部曲”之三。但当我开始动手组织这部书稿时，我的工作发生了一点小的变化，调入了新世界出版社，不久即开始主编“名家心语丛书”，一下子顾不上这部书了，尽管这时稿子已陆续交上来了。一直到了2005年，“名家心语丛书”出版已颇具规模了，我才腾出手来编辑这部书，但因为工作单位发生了变化，我不能把它交给原来那家出版社了，于是，我在想要不要换一个书名呢？就在书稿已大体编好的时候，我又被紧急调往外文局派驻香港的一家出版社，手头的这些事又只好放下了。但所幸得是，两年多后我又回到了原来的出版社，此时，我最想做的有两件事：一是赶快把我一直要写的介绍我与一些学术大师交往的书写出来；二是把已经编得差不多的这部书搞定。经过半年的拼搏，我自己的书已经脱稿了，定名为《大师的侧影》。又花了不长的一段时间，本书也定稿了。考虑到这两部书的内容有互补和相通之处，于是为该书定名为《大师趣闻》。

由于工作的关系，这些年来我一直同学术界中的一些大师保持着比较密切的联系，我感到他们本来应该有更多的成果拿出来，但解放以后，政治运动太多，白白浪费和耽误了他们的大好时光，好不容易迎来了改革开放，他们又已步入老年。1997 年我开始组织《学林春秋》一书时，就是有感于“哲人其萎”的现状，从那以后，我便把工作重心转移到“抢救文化”方面来了。我认为若不及时地组织抢救，很多宝贵的文化成果将随着这批大师的西行而永远逝去了。因为有些东西只能他本人写，再亲近的人也无法代替。《学林春秋》是这样抢救下来的，《学林往事》也是这样抢救下来的，“名家心语丛书”还是这样抢救下来的，这部《大师趣闻》亦复如是。书中的许多作者都已成为了古人，但他们的文章留下来了，也就为中华文化的承传做出了应有的贡献；我作为编者也尽了应尽的责任。我常想，这一批大师和文中所记述的那些大师是我们民族文化的杰出代表，是值得我们永远尊敬和怀念的。尽管现在的出版风气还存在一些问题，经济效益在很多人的眼中成了衡量一部图书有无价值的唯一标准，致使图书市场上充斥着相当数量的低俗、媚俗的出版物，一时间，好像除了“歌星”、“影星”和他们的那点私生活外，就没有人愿意看介绍学术大师的成就和事迹的图书似的。真的会这样吗？我看这只能是一种暂时的现象，因为，随着经济的发展，受教育的人数的增加，人们的欣赏水平必然会逐步提高。到那时，就会有一批读者关注这些大师的事迹，关注中华文化的承传。作为出版人，如果我们看不到这一点，不能“预流”，不能把大师们的文化抢救下来，任其流逝，我们又怎能对得起我们的民族？对得起广大读者？对得起我们的工作呢？我晓得这件事的轻重！我愿意做这样的事情！更希望能得到广大读者的支持！

需要说明的是，由于此次出版环节的原因，本册书的内容缩减了一半，余下的一半另作出版打算。

张世林

目录

唐长孺先生谈治学

张泽咸

20 世纪 50 年代前期，笔者师从唐先生学习（但不是研究生），曾听先生谈过如何学习。60 年代，唐先生在北京中华书局点校北朝诸史，星期日休息，数次来舍下聊天时，也谈过学习问题。他的教诲对我产生了重大影响。惜乎当年未曾笔录，几十年过去了，具体内容多已淡忘。唐师作古已近七年，追思往事，感触良多，今将尚能忆及者，笔录二则。

一、怎样读书

唐先生说，要把读书视为一种乐趣，从中获得自己所需要的东西。乐趣从何而来，仍需通过读书。读书过程中要注意“蓄疑”。脑海中存在疑问越多，通过读书便可搜集大量资料进行解决。如果头脑中不存在疑问，读书会感觉很枯燥，书也读不下去。因此，一定要注意蓄疑，才能使读书的效益增大。读书中所遇到的问题，有的可以迅速解决，这就是熟悉并利用工具书，例如南朝史书所记“滂民”，在史书中较为罕见，但查看《康熙字典》，即可明白了。另一类是前人没有提到或是虽然提到但并未解决的问题，就要认真估计自己的能力与客观条件，是否有可能解决。在蓄疑基础上从各方面搜集资料以便逐步求得解决。解决问题的高级办法是大题小做，善于分析总结，把许许多多具体烦琐的问题提高到理论上分析，所用语句不必多，但分量却很大很重。低级的做法是把复杂问题简单化或者教条化，例如从生产关系中劳动人民的隶属关系状况以及通过生产力与上层建筑的简单论述，便评定一个社会的性质，如此处理，实际上并没有真正解决任何问题。

二、学习前辈学者治学

唐先生曾具体谈到三位著作等身的学者的治学方法。一位是吕思勉先生，光华大学教授，唐师年轻时在上海工作，曾旁听过吕先生讲课，在其著作中称为“吕诚之师”；第二位是武汉大学历史系教授李剑农先生，是唐先生的同事；第三位是中山大学教授陈寅恪先生。就我所知，唐先生仅在1959年去广州开会时见过陈先生一面。然而，唐先生在40年代所撰论著，从学术观点以至文风，都非常认真模仿陈先生，足以表明他对陈先生的景仰。

唐先生谈到他对上述三位教授治学特点的看法。他说：

吕先生将廿四史一本本认真读过数遍，主要继承清人赵翼的治学方法，将大量历史资料按类区分，以一个问题为中心，加以分类排比，用以表述自己的研究成果。

李剑农先生非常善于综合资料，从中选取最有代表性最能说明问题的资料作出诠释，所撰论著，说明问题比较全面。

陈寅恪先生的论著一般篇幅不大，但观察入微，从小处下手，解决大问题。他很善于从一条资料探寻历史渊源。论著引用资料多，却决不是烦琐考证。观察非常敏锐，如从韩愈《送董邵南序》中清楚看到了唐代藩镇割据与中央政权之间的微妙关系，也显示出了作者极富于联想。

仁者之风
——记赵景深先生

林东海

一、珍贵两本书

在复旦大学中文系，要借书经常会想起赵景深老师，一是因为他书多，二是因为他不“好书愁借人”。他的书可以慷慨出借，不是对书无所谓，恰恰相反，他惜书如命，以藏书为乐。当他取出书借给你时，总是用上海《新民晚报》包得好好的，还要叮嘱你还的时候连报纸一起还。20世纪50年代，我在复旦求学时，就曾多次到淮海路赵府借书还书，都是照例以《新民晚报》包装，因为赵老师有剪报搜集资料的习惯，所以要求归还报纸。俗话说“好心有好报”，然而，事实上好心而不得好报者，容或有之。所以赵老师的藏书多有丢失。有人借而不还，乃至有偷去卖掉的。我就曾在上海旧书店见到过赵老师的藏书。

60年代初，我到上海福州路旧书店购书，在书架上看到一部《修辞学发凡》(上、下两册)。一般说来，学者多以为《马氏文通》为中国第一部语法书，而《修辞学发凡》则是中国第一部修辞书。这《修辞学发凡》的作者又是我们现任校长陈望道。所以我急忙从书架上取下来，打开一看，上册内封被撕掉了，下册内封上有自来水笔题字云："景深先生指正，望道一九三二年九月三日。"原来这是作者陈望道校长签名赠给赵老师的书。偷书者只撕去上册内封，因为签名赠书一般只在上册题款。而事实上两册并非同时出版，上册出版于 1932 年 1 月，下册出版于 1932 年 8 月，依下册题款可以推知，上册当是 1932 年 2 月题赠。出版发行者是上海北河南路景兴里 584 号大江书铺。上海旧书店改定书价，上下两册人民币八角。我毫不迟疑地买了下来。回到学校细读之时，发现赵老师得书后非常认真地读了一遍，而且作了许多批语，如上册第三篇第三节"两种表达的态度"，批曰："嫌复，已述过，可删。"又如下册第八篇第五节"错综"，批曰："此式大都为劣文掩护。"批语有增补，有辨证，有异议。读了这些批语，我确信前辈真是把学术视为公器，皆以学识为指归，而无世俗之见。这部《修辞学发凡》，我曾多次想到要不要"物归原主"，持赠赵老师；转念一想，与其再让人偷去卖，还不如由我来珍藏。因为太喜欢这部书，所以舍不得"璧赵"，而至今仍存于清风馆。

景深师贵重的书，我有两种，前述《修辞学发凡》是其一，乃购得而未奉归原主者；《贾宝玉的出家》是其二，乃借得而转赠于借者。1974 年我受命选编《红楼梦研究参考资料选辑》，想看看张天翼《贾宝玉的出家》，北京图书馆、首都图书馆、中国科学院图书馆均未借到，于是又想起赵老师，便发一信求借。赵老师很快复信，并将《贾宝玉的出家》一书包好寄来。这本书是评《红楼梦》的论文集，除张天翼《贾宝玉的出家》一文外，还录有金果《杂谈红楼梦》，太愚《王熙凤论》、《探春论》、《史湘云论》、

《晴雯之死》、《红楼梦中之烈女》、《平儿和小红》、《避世者妙玉》，东郭迪吉《袭人的身份》等十篇。有史任远的序和后记。1945年东南出版社铅印本。印数很少，又是在抗战后期刊印，所以留存无几。这在赵老师的藏书中，亦属珍贵之书。赵老师并没忘记师生情谊，也没改对书的态度，慨然邮寄来京，使我十分感动。老师要我帮他买书，我当然尽可能满足他的要求，并赠给他几本书，他即以《贾宝玉的出家》回赠。1974年6月2日来信说："真是高兴，你赠给我《中国小说史稿》和《封神》，真是十分感谢你。尤其是《中国小说史稿》，是预备销毁的了。倘需要，请也谢谢编务室主任，我当批判地看这本书。这两种书都是有钱也买不到的书。我没有什么书回赠你，那本《贾宝玉的出家》，就也送给你，留作一个纪念吧。望勿推却。否则你就有点见外了。"我当即复信说这本评红的书已成罕见之书，不好意思收下。6月27日又来信说："《贾宝玉的出家》以后我如需用，当写信向你借阅。"受之有愧，却之不恭，于是我也就保存下来了。

我除了通过不同途径得到赵老师的两种珍贵的书籍外，还拥有他的一部珍贵手稿。"文革"中，赵老师注释鲁迅《中国小说史略》。其初稿，自费印了几本油印本，我知道这消息后，写信索要，1974年4月20日赵老师复信说："我自费印了九本，三本送给缮写此书的勤工俭学学员，自留一本，两本送给周夷，请他增补，三本送给胡从今、吴新雷和单演义。我后悔当时没有自费再添印十本。我当为你再想想办法看。"5月8日又来信说："前几天我将《中国小说史略》注释初稿的原稿赠给你，只是字迹潦草，有些恐怕你看不清楚。"就在他写信的那一天，我就收到《中国小说史略》

注释手稿。手稿是小活页笔记本子，每页都是密密麻麻的蝇头小字，和他平时给我写信的字一样小。从这手稿，可以看出老师治学之认真和勤苦。读了他的手稿，我不仅学到了学识，也学到了精神。这手稿凝聚了我们师生间多少情谊啊！

二、“红楼”添资料

我受命选编《红楼梦研究参考资料选辑》的过程中，关于选目及其作者，曾向多方专家求教和咨询过，如向吴恩裕、吴世昌、周汝昌、刘大杰、鲍正鹄以及赵景深等先生咨询和征求意见。赵老师对于我的求教信，总是认真地答复和赐教。这里仅将来信所谈有关“资料选辑”可资参考的若干情况摘录如下：

关于宋孔显。1974 年 4 月 20 日，赵老师来信说：“你的努力是功德无量的。我没有亚东版《红楼梦》，所以陈独秀的序一直未能看到。我指出的五篇就连一粟（海按，《红楼梦书录》作者）也没看过。我特别举出宋孔显的两篇文章（海按，指《红楼梦一百二十回均曹雪芹作》、《曹雪芹的家世和红楼梦的由来》)，是因为这两篇是经我发表在《青年界》上的（海按，分别刊登于《青年界》第七卷第五号，1935 年 5 月和第九卷第四号，1936 年 4 月），记得较清楚。你说明了原因，当然这两篇以不选为是……宋孔显和易俊元我都不认识。宋孔显好像是持志大学的教授。他是直接投稿来的。”我在修订选目时，经再三斟酌，第三辑还是收录宋孔显的前一篇文章。

关于闻天。赵老师 1974 年 6 月 27 日来信说：“后如搞港、台和外国人研究《红楼梦》的文章，我当就所知奉告，只是这方面知道得极少；《民国日报》1921 年 7 月 12 日‘觉悟’所发表的闻天《读红楼梦的一点感想》以及闻天和馥泉合写的译文，我相信都是张闻天等写的。一个旁证是在这时期，汪馥泉、张闻天以及沈泽民（沈雁冰的弟弟）三人合译王尔德（英国）的《狱中记》（*De Profundis*）（文学研究会丛书）。汪馥泉已去世。那时期张闻天这方面的译著还有一些，他好像过去也是文学研究会的会员。”

关于守常（作《曹雪芹籍典》，发表于 1947 年 12 月 4 日北京《新民报日刊》），赵老师信中云：“守常是李守常吗？”李守常即李大钊，老师疑非大钊，而对闻天即张闻天却十分肯定，这都足以为研究者参考。

关于赵誉船。编第三辑时，拟附解放前论文索引，为使之尽可能齐全，我先将已收到的文章编成《红楼梦研究论文索引》，单印出来，多方征求意见，希望增补。赵老师收到索引后，于 1975 年 4 月 12 日来信说：“我看了这份铅印的 1919 年 5 月 4 日到 1949 年 10 月 1 日的索引，那些有▲的报刊（海按，即我所未见到者），我都没有，无以奉告为歉。但我看了第三页五行到十行，这六行特别感兴趣。因为这里记载的两篇是我的父亲赵誉船（他已去世）四十二岁时的著作（海按，指《红楼梦的作者》和《红楼梦中人年龄考》，分别刊登于天津《新民意报》1923 年 6 月 17 日、21 日“朝霞”十一号和十四号）。当时我在天津《新民意报》社任副刊编辑。该社经理就是刘清扬的哥哥刘铁庵。我当时是二十二岁。不是你们编在索引里，我早就将这件事忘记了，连一点影子也没有了。记得邓颖超同志也常到报社来玩，还在我编辑室里吃过一顿便饭。以前我的姑母赵秀传在天津女子师范学校读书，与邓颖超、许广平都是同班同学。她们的同学中还有一位当时以演话剧著名的吴瑞燕。邓颖超还办过女星社，社员有李峙山、谌小岑、陈奕涛等，我也是社员。她们在《新民意报》也出了‘妇女周刊’，讨论妇女问题。好像我也为她们写过一篇稿子。当时我还没有加入文学研究会，在《新民意报》出文学副刊，焦菊隐、孙席珍、叶鼎铭、万曼、蹇先艾都是社员。”见“索引”而勾起一段往事的回忆，并在信中记录下来，这便成了文坛的珍贵轶事了。

三、误传雪芹诗

曹雪芹的友人敦诚著有《琵琶行传奇》，其弟敦敏题辞云：“红牙翠管写离愁，商妇琵琶溢浦秋。读罢乐章频怅怅，青衫不独湿江州。”曹雪芹题辞有轶句云：“白傅诗灵应喜甚，定教蛮素鬼排场。”1974 年竟有以此二轶句为尾联的七律流传于京沪宁之间，赵老师得此七律，颇感兴趣，并为之作注，1974 年 5 月 8 日来信说：“附赠曹雪芹的七律一首，请检收。”随信附複写七律诗注如下：

题敦诚琵琶行传奇①

唾壶崩剥慨当慷②，月荻江枫满画堂。

红粉真堪传栩栩，渌樽那靳感茫茫。

西轩歌［鼓］板心犹壮，北浦琵琶韵未荒。

白傅诗灵应喜甚③，定教蛮素鬼排场④。

赵老师所录这两首所谓曹雪芹《题敦诚琵琶行传奇》七律，曾引起“红学”界的争议，有的以为是真的，有的以为是假的，各持己见，真假莫辨。后来周汝昌先生说是他将世传二轶句补足成七律，但吴世昌先生仍坚持是曹雪芹原作，不相信周汝昌能补作这种水平的律诗。周汝昌先生在调到中国文化艺术研究院之前，和我是交往较多的同仁，我们经常以诗代简，互相唱和，其诗才我是有所了解的，我相信这样的诗，他完全补得出来。有一次，周汝昌到人文社古编室开会，特意解释补作这首诗的原委，说他是同吴恩裕开个玩笑。他平时向吴恩裕借资料，总是吊吊胃口，却不肯出示，于是萌发了补作此诗捉弄之的念头。诗作完，请人过录，当吴恩裕先生上门造访时，周把此诗拿在手中，对吴说："有一位年轻人送来这首诗，说是曹雪芹轶诗，我看不太像，你看是真的吗？"吴恩裕先生接过诗稿，看了看，并不表态，便装入口袋里，说拿回去研究研究。吴恩裕先生随即过录此诗并传到吴世昌先生处。吴世昌先生一读便断言是真的，非赝品，于是立即公之于世。周汝昌先生所述经过大体可信，但目的在戏弄吴恩裕则未必然，因为他将此诗录入其《红楼梦新证》。由于吴世昌先生的宣传，宁沪之间亦随之传开。赵老师得知后又过录加注反馈于北京，真是不胫而走。

所谓曹雪芹轶诗，不只流传于沪上"红学"界，也流传于书法界。"文革"后，周汝昌先生乔迁南竹竿之时，1980年4月21日，我有事到红星胡同，顺便一访周家故庐。周先生正在收拾东西，让我在沙发上就坐。就在沙发上，我看到一幅字，展开一视，原来是上海女书法家周慧珺录此轶诗奉赠周先生，落款云："录文化大革命后新发现曹雪芹七律一首，书以汝昌同志正之。乙卯初夏，周慧珺。"我拿起这幅字，瞧着周先生，他的眼神，先是发呆，接着发窘。我说："这只能由我保存！"口气如此斩钉截铁。周先生接过字，眼睛转向天花板，如有所思，突然把手一伸，说声"给"。我没接过字，说："这样拿走不行，得在上头写点什么的。”周先生便在字幅上改首句“慨而慷”之“而”字为“当”；改五句“西轩歌板”之“歌”字为“鼓”，并写下：“此余七〇年夏戏为，误传二字，今为改正之。有瞽者认为真芹诗，一场笑话矣。解味记。”现在，我所保存的周慧珺女士的一幅字，还真成了说明周汝昌先生补作所谓曹雪芹题敦诚《琵琶行传奇》七律一诗的“物证”，端的是墨宝中之墨宝。

---

①这首诗是吴世昌先生传出来的。原来只知道最后二句，见敦诚的《鹪鹩庵杂思》，引见《中国小说史料》页182。

②崩剥，见韦应物《答河南李士巽题香山寺》：“墙宇或崩剥，不见旧题名。”收入《全唐诗》第七册页18后半页，第11～15行。

③白傅，即白居易。

④蛮素，即小蛮和樊素，白居易的两个歌妓。

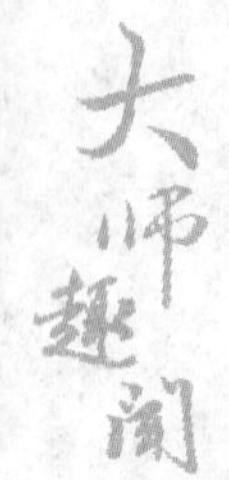

琐忆童书业师

潘 群

“历史是一门科学……”这个声音，从1954年夏踏入山东大学历史系门槛起，四十六年来，即使在我一生中处于逆境时，一直在我耳中响起，在我脑海中盘旋，思索不已，回味无穷，激励我知难而进永远向前，为而不争。回忆四十六年前，童书业丕绳师协助杨向奎拱辰师担任系副主任，主持历史系教务工作，对我们刚入学的新生所上的第一堂课中，开宗明义的第一句话，就是：“历史是一门科学，是不以人们主观意志为转移的客观发展过程。”童先生的这句话，连同当时华岗校长向我班同学所作的《独立思考》入学报告中所讲的以下内容：“（一）什么是历史？历史学的作用是什么？（二）如何学习历史？华岗校长个人学习历史的体会有哪些？”深深地奠定了我整整一辈子热爱这个学科、学习这个学科的良好基础。

我热爱的童书业老师，离开我们已经三十二年了。然而他的声音，他的容貌，如同影视一样，一幕一幕出现在我眼帘。1959年国庆节他和我们小组同学的合影，他的一系列学术著作，特别是他女公子童教英学长整理的《童书业美术论集》，还放在我的影集内和书架上。只要我一想念丕绳师，我就会将这些作品拿来“解渴”。说真的，我已步入老年，但我对童书业先生的回忆，仍然如青春年华时的心态一样，涌泉而出，十分激动，无法节制和忘却。兹赘述点滴而已。

书业师教授我们一年级新生的课程是《原始社会史》和《古代东方史》。他当时只有四十余岁，正值年富力强的时期，他却很瘦弱，又不会料理自己的个人生活，一切都要靠童师母照顾。然而他上课堂讲课，却精神异常。他从不带讲稿和任何讲课提纲，手执一支粉笔，上课铃一响即开始讲授，没有寒暄，没有废话，除了他讲课声音外，只听见同学们认真记笔记的声音。等到他的声音一结束，下课铃也就响了。非常准时，从不提早结束讲课，也从不拖堂。而且，就是他坐在课堂旁抽根烟，也不断回答同学们的提问。由于我们这个年级调干生居多，同学中抽烟的不少，在他们眼中，这位童书业教授没有架子，既是老师又是“朋友”，忘掉了师生间的距离，可以向童先生讨烟抽，同时童先生自己烟抽没了也向同学要。

我当时是班主席，总觉得这不成体统。然而，童先生却不以为然。正因为如此，我们学生和童先生无话不谈，亲密无间。日子久了，知道书业师是浙江鄞县人，1908 年生于安徽省芜湖市，幼年承继家学，经、史、子、集无所不涉。十五岁始，又师从王季欢、胡佩衡等先生学画。早年是《古史辨》、《禹贡》等学派主要成员，也是顾颉刚先生的得意入室高弟和秘书，与顾先生交往甚笃。顾先生逝世后在苏州举行“百年诞辰学术研讨会”时，顾颉刚先生女公子带领我和田昌五先生、韩凌轩学长至顾府参观，

指着后面一进房子说："这就是童书业先生一家住的屋子。"可见，顾、童二位先生师生之间情谊的深厚。此外，童先生也曾供职上海博物馆从事文物考古工作，与杨宽先生共事。在无锡国专、山东大学等高校任教授期间，讲授《春秋史》、《战国史》、《古代东方史》、《原始社会史》、《先秦学术思想史》等课程，对《左传》及先秦诸子有独到的研究。据北京安定医院院长陈学诗教授告我，童书业先生在50年代初期曾在山东大学医学院讲授过《神经精神病学》课程，陈学诗先生在书业师青岛家中见到过这部讲稿已经成文，陈先生认为这是一部很有水平的学术专著，完全可以出版供世人研读。可惜，时隔数十年之久，未知这部讲稿的命运如何？附笔于此，供有心人寻求。

童先生记忆力过人，不仅古文能背诵，而且连现代白话文亦能背诵。我在古代东方史课程中听到他在课堂上背诵恩格斯《家庭、私有制和国家的起源》的摘引的原文及其出处，有时甚至整段整段地背诵，甭说出版社及出版年月，甚至页码、段落、行数都能脱口而出。可见他对马克思主义著作的学习是如何认真的了。有一次，我在他府上请教入门之学，他让我背诵《四库全书总目提要》这部大书。我无能为力，花了一个暑假时间将《四库提要》中有关明史的书目提要抄录下来成为《明史书目提要》以备查检。我总以为，该得到他一些赞赏。结果并非如此，他很不满意，竟认为不背书就有"孺子不可教焉"的情态。他还说："我研究先秦诸子，就是从背诵《十三经注疏》做起的。"我不相信也不服气，竟从他的书架上拿了这本书，从中抽了很多段正文，既不讲书名又不讲著者，也不讲版本页码，只讲开头的文云和下文的止处，让童先生背诵。这简直是太失弟子之礼的“恶作剧”，然而，他都能对答如流，只有少数几段没有答出。1959 年，他指导我研究瓷器史，撰写《清代前期景德镇瓷业资本主义萌芽的考察》一文时，对《景德镇陶录》一书从不检阅，而能朗朗背出原文。同时，他还带我到大明湖看瓷器展览，针对实物指点辨别，从书本到实践中，我真正领悟了童书业师确实是一位瓷器史专家。他的记忆和背功，也和他研究瓷器一样，并非有什么诀窍，而源于他的勤奋。以其不拿讲稿授课为例，据我所知他的程序是：第一步搜集素材认真写好讲稿；第二步在家中准备好闹钟，让童师母做学生听其讲课，或者面对镜子侃侃而谈，从而强化背诵和记忆；第三步到课堂正式讲授，课后搜集学生提问和反映，以便修改。难怪，在历史系学生中最愿意听到赵俪生教授和童书业教授的讲课，认为这是一种享受。

童先生很执著也很天真，对自己的缺点甚至错误，从不隐晦。1958 年，山东大学历史系全体师生在田间劳动。按当时之理，业务是次要的，主要通过劳动改造思想。在这种场合，识时务者是积极表现，从不闲谈，更不谈业务和学术。可是，童先生却很执著，按自己的思路反其道而行之。有一次，他居然拿历史上的播种和收成比例去联系当时“大跃进”的播种与收成比例找在现场劳动的学生询问。果然，遭到了当时学生中“当权者”的呵责。随即，他不仅不接受当时的难堪局面，居然不顾老师的身份，又反向我询问：“潘群，《阅世编》在什么‘丛书’中？”我低声回答：“在‘上海掌故丛书’。”他又转向王仲荦师大声说：“我一时忘了！”弄得在场的师生哄然大笑，而他却不以为然。结果，也使

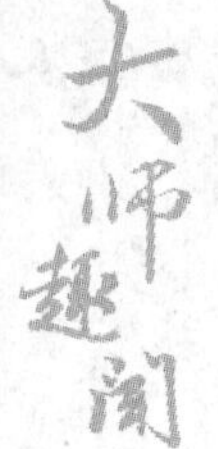

我遭到了“当权者”的批评：“不好好地劳动。”1959 年，历史系开展所谓批判“资产阶级学术权威”运动，虽然遭到成仿吾校长“不要搞虚无主义”的警告，但重点对象仍然是王仲荦教授与童书业教授。批判仲荦师名义上是“魏晋封建论”，实质是无限上纲到政治立场。就在这种气候氛围下，童先生还找着我对他进行“批判”。他说：“我不是什么理论派，我是搞考证的，《瓷器史论丛》中有几点疏忽，我要借此更正。”同时，他还在全系师生一场大辩论会上赞赏我发表在《山东大学学报》上《代表工商业奴隶主集团的梭伦立法》一文，认为是有水平的学术文章。结果当场引起某位同窗对我所写的《明代的折扇》一文的学术方向进行了严厉的批判。一直到 60 年代初期“甄别”和“文革”末期清除档案中的“黑材料”时，组织上告我当时受童先生牵连的所谓“罪名”是：“只专不红，厚古薄今，搞扇子及瓷器考证”等等。冤哉，冤哉！打倒“四人帮”后，我就将这些文章发表在《文物》和《中国史研究》1979 年第二期上，以供鉴别。此外，在 60 年代初期，我在南京养病时，童先生来信要我找王慰曾教授询问有关神经学上的“药方”问题。结果，王教授认为是一种错误，贻害他人。我回信告诉书业师，他十分感激，又要我专程到王先生家道谢。可见童先生是如此真诚和执著，也从不隐晦缺点和错误。

公元 2000 年 6 月写于南京

陈寅恪先生二三事

蒙 默

先君20世纪30年代任教于北平时，一日曾访陈寅恪先生于清华园，先生谈话中盛赞汉人之经学宋人之史学。先君深佩其言，惜时未能详论。归而思之，意世之论者说汉之经学多赞贾马许郑、说宋之史学则多称欧阳、司马及郑渔仲，而先君之意则颇不同。数日后又往访之，欲究竟其所论，则先生果颇同世论。而先君认为经学当以西汉今文学为尤高，史学当以南宋浙东史为最精。西汉今文学事较易为人接受，而南宋浙东史学则非尝用功于此而深积力久者不易明也。故先君为陈先生道此时，陈但唯唯而已。后先君于1935年曾作书为丹徒柳诒徵先生道之，柳氏复书云何，今已弗可查考，然先君此函柳先生竟保存至解放以后。柳氏1956年逝世后，此函为先生哲嗣保存，并于1982年以之刊布于《中国历史文献研究集刊》第二辑，当是先君所论颇得柳氏之重视也。

1942年燕京大学内迁成都，1943年陈先生来燕大任教，住华西坝，时先君亦家华西坝。一日下午有人来访先君，体瘦弱，着长袍，约莫五十岁，态随和，相晤谈约一小时，辞去，先君亲送至宿舍大门。去后，余见先君桌上有陈先生签名赠送之《魏书司马叡传江东民族条释证及推论》一文抽印本。余时念中学，固不识先生，意其为先生也，后询之先君，果然。盖先君原在北大教“魏晋南北朝史”时，主要内容即为民族活动，后亦发布论汉后南方民族文，故先生此文甫刊出即以相赠也。

余 1959 年在北京中国科学院历史研究所工作，与孙毓棠先生同一办公室，且在孙先生主持下整理汉代经济史资料。孙先生博学多闻，除请益外，亦时作海天南北之谈。孙尝告余，1945 年与陈寅恪先生同去伦敦时，途中闲谈，陈曾言及辛亥革命时，彼正在德国留学，及闻革命成功、清帝退位之讯，竟不禁涕泣泪下。言罢，哈哈大笑。于斯可见先生自谓“思想囿于咸丰同治之世，议论近乎曾湘乡张南皮之间”，洵非漫语，而其深致哀思于王观堂，亦非仅痛“思想而不自由”也。

刘半农与白涤洲之死

郑克晟

1934 年夏秋，北大两位语言学专家均因在外调查方言，传染回归热，猝然去世。一位是国文系资深教授、语言文学大师刘半农（复）先生。另一位为后起之秀白涤洲先生。

刘复先生卒年 43 岁（1892—1934），白涤洲先生卒年 35 岁（1900—1934）。

这年 6 月 19 日，半农先生携助手白涤洲前往包头及张家口等地调查方言，郑天挺及魏建功等人前往西直门火车站送行。时郑、魏二人均为北大国文系副教授，郑尚兼学校秘书长。刘先生系两位先生的师辈，平时关系亦好。

刘、白二先生在调查方言二十天后，于 7 月 10 日回到北平。次日，郑先生去刘府看望半农先生，见他精神、气色如常，惟见他频频蹙额，似有所苦。郑问后，半农先生言：在张家口时发热，至今日仍未退烧。郑又问：是否感冒？刘言：不是，因为汗出得很多。郑再问：是不是时令关系受暑呢？刘言：亦不是。这两天便秘，尚须微泄。郑先生因素无医学常识，又见先生精神尚好，未虞有他。岂料至 7 月 14 日下午 3 时，蒋梦麟校长家即来电话，言半农先生因病已逝世于协和医院，郑先生大惊。

郑先生去协和时，见蒋校长、胡适、马裕藻（幼渔）等人及刘先生介弟北茂均已先至。仔细问之，方知半农先生为是日上午10时半才入医院。经医生验血，发现有回归热之螺旋菌甚多，急用914注射液注射，时间已太迟，不及救而病逝。郑先生闻后，悲怆万状，且深悔自己不懂医术，如在三天前立即劝刘先生住院，或尚有可能挽回其生命。悲夫！悲夫！

7月16日早5时，郑先生再赴协和医院，胡适先生等人已先至。随后，蒋梦麟、沈兼士、陶希圣、郑奠、罗庸、白涤洲、魏建功、马隅卿、马裕藻、马衡、唐兰、徐森玉诸人均先后至。10时，棺殓毕，以汽车载棺，四周张青布围，上覆北京大学校旗，前置半农夫人花圈。棺柩初起，送丧者共挽之，即古所谓执绋。车辆前导以乐队及铭旌，题曰：国立北京大学教授刘复博士；下款：国立中央研究院院长、愚弟蔡元培敬题。旋车辆出发，众人又至沙滩北大第一院（文学院，即红楼）门前守候，由蒋校长献花圈，同人行三鞠躬礼。礼毕，棺柩送地安门外嘉兴寺停厝。下午6时，郑先生又往嘉兴寺吊唁半农先生。

7月21日，郑先生又至大院府胡同刘宅商议半农先生身后诸事。到有蒋校长、胡适、李书华、沈兼士、马裕藻诸人。决议：由北大、北平大学、中法大学、辅仁大学、北平图书馆国语统一委员会、故宫博物院、西北科学考察团八团体呈请政府褒扬、抚恤。呈文由郑先生起草；遗稿由魏建功先生整理；书籍暂存北大。

10月14日，在北大第二院举行刘半农先生追悼会，参加人更多，所送挽联亦多。

关于半农先生的死，郑先生事后说：6 月 19 日半农先生出发时，刘的夫人及家人大大小小均前往西直门火车站送行。郑先生颇为奇怪，且有一种“不祥”的预感，只是未与任何人道及而已。

刘半农先生生前被推举为北大校务会议书记（秘书）。刘逝世后，此职务由郑先生代理。是年 10 月 24 日，该年度第一次校务会议，正式推举郑先生担任此职务。此职务在北大至关重要。郑先生担任此职直至 1950 年。

白涤洲，字镇瀛，北京人，满族。时任北大研究院文史部助理。工作勤恳、扎实，很得胡适、刘半农先生称赞。是年（1934 年）暑假，北大研究院文史部改组，仅留下白先生及蒋经邦二人。

白先生与罗常培先生系挚友。1934 年夏半农先生去世后，罗先生回北大国文系担任刘之全部课程。是年 10 月，白先生刚从陕西、开封再次调查方言归来，亦因发烧住院，由林葆骆大夫医治。医生开始认为系伤寒，实则亦为回归热。

郑先生与白先生虽相识晚，然亦熟识。白自称在北大预科时听过郑的课。10 月 10 日，即白入院之次日，郑先生亦去林之医院探视白先生。见白之气色尚好，而热未退。又次日，罗常培先生给郑先生打电话，谓白先生心脏衰弱，恐抗不住高烧。郑先生闻后极为忧虑。10 月 12 日晨，罗先生又来电话，言白先生已于清晨 4 时病逝。郑闻后大惊，乃先至校领取白之是月薪津，交与罗先生备用。随后，又于是日下午 6 时，再至林葆骆医院参加白先生之入殓仪式，复移灵至宣外法源寺。10 月 21 日晨，郑先生及北大部分友好又将白之遗榇移葬至西便门外篱笆村墓地。灵车途经牛街、广安门大街及北线阁诸处。

1928年郑先生在广州时，与罗常培先生过从甚密。罗经常提到白先生苦学励行之诸多事例。又谈到，白曾为送罗之眷属南下而请假。郑先生闻后，认为白是一位学业刻苦且重情谊的厚道人。

白先生亦与罗庸、魏建功等先生熟识。此次从生病到办后事，“二罗”先生及魏先生均日日往视并照料一切。老舍（舒舍予）先生亲自由青岛大学赶来，齐铁恨先生则由南京来，一起送葬视孤。凡此，均令郑先生深深感动。

白先生逝世前一年冬天方续弦。原遗一子甫五岁，家中尚有老母及一兄靠他侍养。身后极萧条，情形甚惨。更可惜的是，他学识渊博，尚未及展佈其才华即遽尔去世，尤为可惜。

10月24日，北大校务会议决议，依校例，刘半农先生恤金照最后月俸支一年；白涤洲先生恤金照最后月俸支两月。半农先生月薪四五百元，支一年，数目可观。白先生仅是北大研究院之助理，服务年限亦短，月薪不过几十元（60～80元），又仅支薪两月，其数目就少多了。

白逝世后，北平一语言文学杂志（忘其名）曾刊有白涤洲先生纪念专号，以示哀悼。

难忘恩师游国恩先生

万先荣

1939 年，我的家乡湖北武汉沦入日寇之手，我逃亡到云南昆明结束了高中的学业。华中大学是由湖北武昌迁滇的。期望着回老家，我就在云南大理喜洲的华中大学中文系开始了大学生活。中文系的教师不多，学生也很少。在这样的环境里，师生很接近。更有幸的是我就读于国学大师游国恩先生门下。先生是江西人，但说普通话，身材不高，面容显得清癯，但目光炯炯，面带笑容，显得可敬可亲。

大学一年级，游先生开了“文选”课。文章都是游师自选的。读过《离骚》选段，屈原那为国为民的忠贞形象，深深印入脑海。选得最多、讲得最多的是明末清初的一些民族英雄。《左忠毅公逸事》里左光斗对他的学生史可法的严厉训诲。《梅花岭记》史可法视死如归壮烈牺牲的民族精神，由于游先生声情并茂的讲解，至今历历在目。游师还讲过“八大山人传”。他是明代遗民，画山水花鸟，艺术上成就极高，但他内心痛苦，“八大”连结起来（过去的文字都直行排写的），就是“非哭非笑，亦哭亦笑，哭笑不得”。游先生的讲解，让我容易理解，容易记忆。也读了“正气歌序”，文天祥被囚一土室内，“秽气、土气、火气……逼人”而文天祥“善养吾浩然之气”，最后作《正气歌》慷慨就义。这时我觉得：浩然之正气，沛乎塞课室。现在领悟过来，在那国破家亡之时，游师的思想是爱国爱民与民族气节，他在“传道授业”中也传播了这种思想。特别是彼时彼地的情况，日寇占领了发达地区的大半个中国。而华中大学迁至大理喜洲，在那里，听不到日寇滥杀无辜的枪声，看不到前方战争的消息。在那个西南偏远的地方，风景异常美丽，背靠终年积雪的“苍山”，面临碧绿的“洱海”。居住在这山水之间，先生没有选读山水游记的文章，其实，这样的文章，在历代文选中非常丰富。看来，游先生在国难当头时，不愿意教育学生寄情于山水之间；他也不选抒发“亲情”的文章，而是以大义为重。从游师的选文中，既表现了游师的品德操守，也看出他很重视“育人”。在教育的实践中，我的恩师是一位爱国的教育家。

由于我与游师的大女儿游珏为同龄人，我的哥哥是中文系的助教，可他在昆明办公，在喜洲我没有家。所以，游先生有时约我到他家里过“节”（春节、端午节……）。这样，在生活中，我对游先生多有接触。游师曾告诉过我，抗日战争前，他有位同乡任江西省主席，由于仰慕游师的学识，曾约请先生任江西省教育厅厅长，被游先生婉言谢绝了。我想：游先生当时可能只有三十余岁，但他无意仕途，淡薄名利，决定了走国学研究与教育事业的人生道路。我曾多次在游师家里吃饭，当师母从厨房里出来入座后，游师的一儿两女和我已坐齐，游师从菜碗里拈出的第一筷菜，一定是先挟给师母，仿佛在说：“辛苦你了！”解放后在北京，再次在游师家吃饭仍是如此。这对我有所触动，这个举动表现了游师对师母的尊重，他自己谦恭的品格与道德修养。我们在对家庭和处人方面不也应向游师学习吗？！还记得有一年的端午节，游师约我到他家过节，并微笑着说："这是我的节日！"当时我想，先生为什么说"我的节日"呢？那是因为先生是楚词的专家，研究屈原既专且深。现在想起来，毛庆先生（屈原学会秘书长）所言极是："先生是既研究屈原，又向屈原学习，以图接近屈原，达到屈原。"我记得当天我还问先生：端午节为什么划龙舟、赛龙舟？端午节为什么吃粽子？先生从笔记小说那部分中抽出《荆楚岁时记》，让我自己翻阅，自己找答案，以致解放后，我当中学教师时，讲"屈原与端午节"，就有了丰富的材料可讲了。

游先生是个谆谆善诱、因材施教的教育家。我毫无国学根底，启蒙是学的"狗、大狗、小狗"。游先生针对我的情况，随时随地对我指点。有一次，我用暖瓶倒水，不小心水溢出来了，游师说：这就是"满招损，谦受益"。既了解了词义，又受了教育。对"不得要领"一词的解释也是深入浅出，而又形象化。他说："你要把一件衣服拿过来，得抓住领子；要取裤子过来，得找到裤腰。若不是这样，衣服拿不好。"讲到"江阴"这一地名时，游师说："江河之北为阳，江河之南为阴。'江阴'是在长江之南；山之南为阳，山之北为阴。中国的地名大多是这样命名的。"在讲课中常教我们这样一些规律性的东西，启发我们"举一反三"。讲韩愈《原道》中的"人其人，火其书……"前面的"人""火"，名词作动词用。同时亦将古文中大量的假借字揭示给我们。这样，使我阅读古典文学有了开门钥匙。游师的治学方法与他的教学方法是一

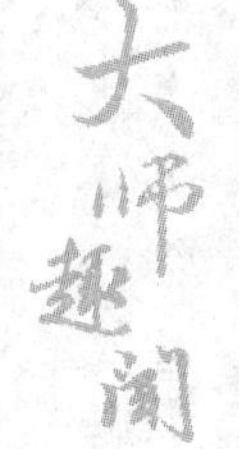

致的。游先生在课外，指导我读王炎午的《生祭文丞相文》，并指导我写笺注。王炎午的文章是骈体文，每句都有出处，都有典故。游师就是用这样的办法，督促我“勤读书，勤查书，勤动笔”。离开游师的指导，我不知查何书。问及游先生时，如果是出于《史记》，游师能指出列传之 ×，全书又在第 ××× 页。经常是准确无误。无论是经史子集，先生真做到了博学多识。我以为游先生就是一座国学书库。

先生的记忆力是惊人的，这除了先生的天赋以外，先生一生以书为伴，爱书、读书、记书、教书、写书。抗日战争时期，在西南边陲的大理喜洲，一大间屋子里，墙壁的三面都是书籍，一面是床。书架上的书，码放得整整齐齐，从不横竖乱放，也从不见灰尘。可见先生经常翻阅摆放，经常过目，经常打扫。等到先生住到北大的宿舍燕东园时，有两间屋子放满了书籍，仍然是整齐有序。游先生生活俭朴，不抽烟，不喝酒，不听戏，无任何嗜好。唯有“书”，是先生最钟爱之物。先生老了，他把四万册书遗赠给北大中文系。中文系的学子们，你们能理解游先生的拳拳之心吗？先生走了，还留下了道德文章。还有，先生教过的学生对他无尽的思念。

学者风范

——记俞平伯先生

林东海

一、真梦序传奇

1989年，俞平伯先生九十华诞之际，我到三里河先生寓所，代人民文学出版社向先生敬献鲜花，以示庆贺。这是我第一次见到俞先生。先生清癯瘦弱，文质彬彬，个头不高，一见便知是典型的南方书生。当我表示祝贺之意时，他似乎对诞辰并不在乎，未置一辞，即转身抱过刚印出来的线装本诗词集《俞平伯旧体诗钞》（四川人民出版社出版）给我看，他的心血感情都凝聚在这集子里，难怪比任何别的都更关心。这次见面，是第一次，也是最后一次，因为他翌年即与世长辞，一代文星殒落了。

早在中学时代，我便知道俞先生了，那是因为他治"红学"而挨了批，所以总是把他和胡适联系在一起，以为是一个"反动文人"。及至60年代中期，我自沪来京后，才不时从同窗沙予口中，得知他是个大好人，只是不会体力劳动，扫地时垃圾扫不到一块儿。

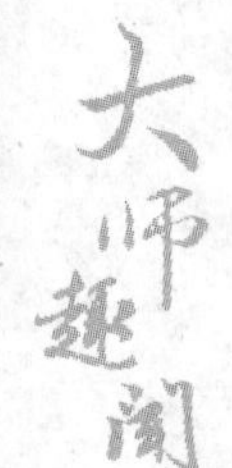

1973年初，上方指令人民文学出版社出版戚本、甲戌本《红楼梦》，并选编《红楼梦》研究参考资料。当时，我从"干校"来

人文社不久，即接受选编资料的任务。“《红楼梦》研究参考资料选辑”拟编为四辑，第一辑为胡适评红资料，第二辑为俞平伯评红资料，第三辑为解放前评红资料，第四辑为解放后至1954年评红资料。胡适的东西较集中，很快就发稿了；俞平伯的“读红随笔”在报刊连载，并不十分连贯，搜集稍难。其《红楼真梦传奇序》，一时难以查核。听周汝昌同仁说，真梦稿本在史树青（庶卿）先生处，不过已送启功先生处待写书名。于是我便到启先生家借来真梦传奇稿本，将俞序过录下来，作为发稿之用。

郭则沄（孑厂）所作《红楼真梦》，又名《石头补记》，1940年出石印本；1942年《红楼真梦传奇》问世，郭则沄填曲，王季烈（螾庐）制谱。同年俞铭衡（平伯原名）、王季烈各作一序。传有石印本，北图、首图、科图均未见，所借史树青先生所藏乃稿本。据启功先生说，俞序为俞平伯先生亲笔字。稿本扉页有平伯致庶卿一札，云：

庶卿先生：

惠示《红楼真梦传奇》稿本，是书提倡封建道德，与《红楼梦》原意相反，只可作批判资料用。卷首拙作序文，于卅年后重读，弥感惭愧，所谓“讹谬流传逝水同”者也。鄙怀当荷鉴谅。匆复，原件附还。

1971年5月平伯启

在编评红资料俞评卷时，我曾提出附录此信，后以其在编选时限之外而未予录入。新近河北版《俞平伯全集》书信卷收录此信。稿本内封题签为“红楼真梦传奇附谱，壬午仲秋，季烈，王季烈印（一枚）”。次有“红楼真梦传奇目录：斗猿，廷荐，安江，春宴，禽寇，闺诟，献俘，仙祝”，右下角有“书有版权，禁止翻印。每部定价联钞二元”。次有俞序，末云：“岁在壬午中元节，平伯弟俞铭衡识于旧京城东寓斋。”次为郭则沄自序。启功先生说，自序亦郭氏亲笔字。次为正文。末为周汝昌跋语，款云：“1971年9月雨窗偶记，天津周汝昌之恶札也。红楼内史章（一枚）。”最后为张伯驹题诗云：“岂愿缁衣换锦衣，当时负却首阳薇。雪芹眼泪梅村恨，付与旁人说是非。”并识云：“树青先生藏蛰图《红楼真梦传奇》原稿，与雪芹原意大相径庭，煞风景矣。但亦存续作之一流。昔在蛰园律社作击钵吟，题为‘题红楼真梦’，余前作一绝，以后结句评列榜首，今已三十余年，回首亦一梦也。辛亥秋，中秋丛碧，张伯驹印（一枚），好好先生印（一枚）。”

稿本中夹便笺二纸，当日我随手抄下，今录如次：

姊丈赐鉴：日久未晤，良念。前友人转恳法书小直幅（杰衡款），暇时始藻就，乞便中带下是荷，敬叩双安。弟衡顿首，即午。

庶卿先生出示《红楼真梦传奇》稿本、《瓶花簃故事》，匆匆三十余年，梦华鸩毒，零落山丘，平翁一札尽之矣。潸然念逝，为识以小令，调寄《小重山》：小影槐安说梦人，匆匆谁管得，百年身。墙东词客水东邻。浇红宴，头白总伤春（曲本孑厂六十生辰称觞自爨，螾庐为划度工尺旁谱）。　　萧萧剩梁尘，人天都扫尽，旧巢痕。遗珠还蹙醒菴颦，周郎顾，休向曲中论。庶卿词家哂正，辛巢黄甦宇倚声，苏宇印（一枚）。

这两笺倘若展转失落（俞致姊丈信，似未见全集），庶可借此流传于人间也，故录之。

二、北斗梦京华

1979 年 4 月 21 日，俞平伯先生书一条幅赠我，录其旧作二绝句：

其一

南屏凄血没浮屠，宝石亭亭倩影孤。

独有青山浑未改，湿云如梦画西湖。

其二

日行田坂少尘沙，松竹流泉处处佳。

久客归来如逆旅，还依北斗梦京华。

查《俞平伯旧体诗钞》，其一题曰《湖船怅望》，“亭亭”改作“娉婷”。这诗为 1955 年 5 月 27 日所作，时俞先生以全国人大代表身份赴杭州郊县考察，抵杭当日下午，坐船至湖楼访毛曼曾，归舟赋此；其二题曰《杭县双林乡》，“佳”改作“嘉”，“归来如逆旅”改作“乡关同逆旅”。1955 年 6 月 4 日晚在杭县双林乡拱宸桥国营麻纺厂宿舍所作。俞先生为浙江人，因以杭州为故乡。末句改杜诗，甚有深意，虽遭批判仍于诗中寄寓爱国之情，惟其如此，故有“政治上是好人”之评。二十五年后重书此二绝为赠，足见其尚存故国之思也。

三、浮云堆白玉

1979 年 5 月，我偶然翻阅《唐宋词选释》校样，见李清照《永遇乐》“落日镕金，暮云合璧，人在何处”，俞先生之注以为语出梁朝江淹《拟休上人怨别》诗“日暮碧云合，佳人殊未来”。释碧为玉，以切“璧”字。江诗之“碧”字，释色释玉，固在两可之间，然以玉喻云，在唐之前尚不多见。《庄子·列御寇》：“以日月为连璧，星辰为珠玑。”《汉书·律历志》：“日月如合璧，五星如连珠。”隋薛道衡《和许给事善心戏场转韵诗》：“云间璧独转，空里镜孤悬。”唐李邕《日赋》：“重光起于一人，合璧旋于八极。”韦庄《又玄集序》：“云间分合璧之光，海上运摩天之翅。”均以“合璧”喻指日月。宋王安石《东阳道中》诗：“浮云堆白玉，落日泻黄金。”乃直接以白玉喻云，以黄金喻日，与李清照词语同旨。5月11日，我写一信并录王诗，请责编转俞先生。5月14日就接到俞先生的复信，云：

东海同志：

承检书详示关于荆公诗句各本，至荷。拟以之加注李易安《永遇乐》首联，文字即用“堆”、“泻”，一如尊见。并希转告建根同志，俟覆校时再行商定。此致

敬礼

俞平伯

定稿时于注中加荆公诗，并按曰：“此与首联相似。”《渊鉴类涵》云部引王介甫（安石）诗：“风力引云行玉马，水光连日动金蛇。”与《东阳道中》诗设喻略同，然查荆公集，未见此联，故不曾录示先生。先生复信之快速，态度之谦虚，令人吃惊。其虚怀若谷，正显出大学问家之风范。作为晚辈，深受教益。

四、宋词旧鉴赏

1980 年，上海辞书出版社汤高才兄在编辑《唐诗鉴赏辞典》的同时，着手编辑《唐宋词鉴赏辞典》，要我代向俞先生约稿。春节后我即依汤兄之意写一信给俞先生，2 月 28 日接俞先生复信云：

东海同志：

建根行后，得来书代答，感谢。稿酬已收到，前购书款亦已扣去。精装本不在内。承出版社送二册，现拟另购二十册。于书来后请电告敝寓，当托人往取。赠送本二册亦可并付。书价三十元如何缴付？希告知（可付现款），一切请多费神，为荷。

辞书出版社来信及你转述汤君意均悉。《选释》体例不同，无法采用；若我以前所作，虽自己并不惬意，如蒙采入《鉴赏辞典》，自可同意，即请他们斟酌摘录。以近来想法与过同（或不同），不便参加意见也。若于便中转达汤君，尤感。匆覆，颂

撰祺

俞平伯

所谓“建根行后，得来书代答”云云，是指责任编辑陈建根出差，俞先生咨询有关《选释》之事，由我代为料理作答，故来信表示感谢。有关鉴赏辞典可采录其旧作事，接信后我即转达汤兄。后来出版的《唐宋词鉴赏辞典》所录俞先生的鉴赏文字，当是汤高才兄据俞先生之意，自其《读词偶得》中“斟酌摘录”出来的，而非重新撰写，之所以不拟另写，是因为对过去的看法“不便参加意见”。由此可知先生治学之严谨，与脚根不定随意翻覆者，岂可同日而语哉！

博通文史
——记缪钺先生

林东海

一、一夕成良师

我之崇敬缪彦威（钺）先生，是因为上世纪50年代就学于上海复旦大学时拜读了他的《诗词散论》。此书40年代末由开明书店出版，收录其抗战时期避居贵州遵义所作有关唐宋诗词论文十篇，其中宋诗宋词之论尤见功力，给我很深的印象。

二十年后，即70年代中期，我在人文社当编辑匠，责编社科院文研所余冠英先生主编的《唐诗选》，先选印部分注释样稿征求意见。本社曾出版过缪先生的《杜牧诗选》，有过一段因缘，于是我便贸然寄去一本《唐诗选注》征求意见稿，没隔多久，便收到缪先生的回函，提了一些宝贵意见和建议。这是我第一次同缪先生直接通讯联系。

1984年10月，我到四川江油参加李白歌诗研讨会，缪先生也从成都川大来到江油参加这个讨论会，我才有缘同缪先生见面。从他清癯瘦弱的形容及其炯炯有神的目光，可以看出他那满腹经纶的学识和豁达谦虚的风范，谈吐不俗，温文尔雅，我见了益加敬重。10月25日，与会的师姐、兰州大学林家英教授（她也毕业于复旦中文系），约我当晚一起听缪先生讲宋词，真是大喜过望。晚饭后，我和家英两人到缪先生所住房间，缪先生和他的贤孙小缪（川大博士生）已等候着。寒暄数语，缪先生便开始讲宋词的发展，一口气讲了两个钟头，将宋词的起源、演进及其特点，简明扼要地讲了一通。所举词例，全都是背诵出来的，只有个别句子因年迈偶尔吃住，小缪从旁稍微提醒一下，他便能接着背诵下去，直至终篇。其记忆力之强，实在惊人，当时尚在盛年的我，亦自愧弗如。先生讲词，在1940年《词论》的基础上，又有许多新见解，因为他正和加拿大籍叶嘉莹教授合著《灵溪词说》，研究领域扩大了，也深入了。家英和我，本是缪先生的私淑弟子，经此一夕，也可说真的成了先生的门徒了。

我自江油受业，便认缪先生为师座，而他对我似乎也视为门生，故时时诱我策我，有新作，不论是论文或专著，常寄赠，如寄《识小录》、《灵溪词说》等，可见其于我辈之循循善诱；而我寄奉拙著，他也总是来信鞭策我。如读了拙著《诗法举隅》，即复信云："惠赐大著《诗法举隅》，分析阐释，极见精思，拜读甚慰。"这种鼓励的语气，颇见师生之情。我寄去拙著《古诗哲理》一书，他读后又来示云："诗虽以抒情为主，但如能情理交融，则意味更为深远。尊著从哲理角度对古人诗作进行探索，不但增加欣赏之深度，而对于为人处世之道亦多启示也。古人融哲理入诗者，吾最钦佩陶渊明。谢灵运诗中虽亦拟融《易》、《庄》哲理，但如盐置水中，未能溶化，便觉意味索然。近人王静安之诗融会叔本华哲学，亦别开生面者也。尊著中谓'诗境不宜太实，实则阻塞，不利于读者的联想；兴象要求清虚，虚则空灵，有利于读者的回味。’（34 页）此论甚有见地。我近作《论词的空灵与质实》一文，颇与尊论暗合。此文发表于《川大学报》1988 年第三期，兹另封寄上呈正。”如此切磋指点，端的充满师生情谊。当然，在切磋中，也可以看出师生对于哲理的视角未尽相同，先生多从作者创作之角度看诗之哲理，我则是从读者鉴赏之角度看诗之哲理。一主于创作论，一主于鉴赏论，虽有交叉，却未尽重叠。或许是两代人探讨的领域已不尽相同也。然而，我从缪先生的切磋指点中，还是获取颇多教益的，治学的方法和治学的精神都有所借鉴和启发。

二、诗书时往还

缪先生的字，别具一格，很耐人寻味。我在江油时，斗胆向先生求字，他未暇思索便答应了。不多久，收到缪先生寄来的一幅字，1×2 尺的寸字行楷，录其旧作《携友游湘山寺》七律（1946）、《木兰花令》词（1949）、《高阳台》词（1981）三首。他的诗词凄婉清峻，寄兴遥深，真乃深于诗者也。既然一夕为师，在写诗方面，我也就可以求其指点了。于是我便抄录几首考察太白游踪时所作纪行诗奉寄，请先生赐教。先生读后，复信云：“大作揽胜诸诗，情思奇逸，笔力遒劲，音节高亮，允称佳什。其中的‘四围青嶂环天立，万里黄河入河流’，‘呼吸之间通帝座，何须控鹤入云中’诸句，极为精警；而‘委地花钿皆化土，横天渭水只流波’，‘不有霓裳飘绮殿，自无鼙鼓起渔阳’（‘自无’二字改为‘何来’，何如？）等，吊古兴怀，感慨深至。当珍藏箧中，叶先生今年如来蓉，将以尊稿相示。”先生对拙作歪诗谬加称赏，令人汗颜无似，然其奖掖晚辈之心，也令人激动不已。其所举诗句在咏陕州，咏华山，咏马嵬，咏泰陵诸诗中，所建议改“自无”为“何来”，在拙著《江河行——揽胜诗草》书中业已照改，并加注说明从先生之意更动。信中所说叶先生，即叶嘉莹先生（想必真的将拙诗出示叶先生，难怪 1997 年在新疆开会时，叶先生说我的诗写得不错，并以其新作绝句相示）。此后先生凡有新作，多誊录寄示，于是我又从他的诗作中学到了不少东西。1987 年元月，他又寄示其 1986 年 11 月所作读陈寅恪先生《柳如是别传》，题下小序云：“寅恪先生谓，柳如是以一弱女子而‘有三户亡秦之志，九章哀郢之辞’，感而赋此。”诗曰：

得气桃花句有神，白门烟柳送残春。
秋塘不作闺房语，燕誉相依说剑人。
桴鼓江中空夙愿，蘼芜山下恨前尘。
殉身纾难酬知己，侠骨英风自绝伦。

接诗后，我反覆吟哦久之，深羡其史家之笔，诗人之情。

有感于师德与师恩，1992 年缪师九秩华诞之际，我谨作寿诗一首西向遥拜，诗云：

德文高并玉峰寒，一夕良师仰大观。
笔势横开生剑气，词源倒泻落风湍。
节同户外千竿竹，香出心中九畹兰。
祝愿期颐身更健，桑榆未晚映霞丹。

缪师未及期颐先去了，他留下了嘉惠学林的道德文章，留给了后学无尽的思念。

师友风谊
——记启功先生

林东海

一、小乘寻旧梦

1973 年 8 月 11 日下午，我从朝内人文社骑自行车向西进发，经新街口，在往西直门的路上，转向草厂，经过多次询问，才找到小乘巷。这是一条极狭小的胡同，进了胡同，在一棵老槐树下找到八十六号。两扇破旧的东大门，一推便可以推开，可我还是轻轻地扣了几下。

门打开了，来开门的是一位慈祥而又颇有风度的妇人。“启先生住在这里吗？”我怕走错门，特意问了一句。她笑着让我进门，并把手向南房一指。进了大门，只见两间北房和两间南房中间夹着一个小庭院，看起来比北京郊外乡村的民房还要狭小简陋，脚下是一层高低不平的黑土地，没有任何铺垫。唯有南房边的几竿绿竹显得颇有生气。启先生将我迎进南房。那狭窄的两小间南房，没门隔开，就像进入一条小船，我立即想起刘禹锡的《陋室铭》:“斯是陋室，唯吾德馨。”

我把周汝昌同仁所写的便条给启先生看，并说：“我已在编

《红楼梦》研究参改资料，听说史树青先生所藏郭则沄《红楼真梦传奇》原稿在您这儿，想借来过录俞平伯先生的序文，好编入资料集。”启功先生看了周汝昌的便条，笑嘻嘻地说：“树青要我题写书名，我没写，这本书续《红楼梦》却反《红楼梦》，所以我不写，我还写了一首诗把它臭骂一通，你看看。”说罢便翻检诗稿，没找着。我说：“别找了，以后找着我再拜读。”于是我们便聊开了，虽是首次见面，却一见如故。启先生之言谈，不同于曼倩之取容，却自有曼倩之谐趣，逗得我不时哈哈大笑。谈笑间，启先生夫人端过茶来，只对我笑了笑，什么话也没说，但她的贤惠，在表情和动作中都显露出来。

从这以后，我便成了小乘巷八十六号的常客。有时怕吵了他们，我便自己“破门而入”。去得早，启先生还在睡觉，我就坐在那简陋的床边等着，让他多睡一会儿，待他张开朦胧的双眼，看到我坐在边上，便翻身起来，叫我稍等。洗漱完毕，便倒杯开水，伸手从一个锈了的旧铁皮饼干筒里掏出一块桃酥（当时一斤六毛多钱），就着开水吃下。他的早餐就这么简单。吃完，我们又开始聊起来。记得有一次，我们正聊着，启先生夫人端来一个切开的早花小西瓜，味道好极了，她却一块也没尝，转身就走。没过多久，大概是 1972 年春，听说启先生夫人不在了，一个星期六的下午，我又骑着自行车到小乘巷看望启先生。先生压住心中的悲痛，和我说起坎坷的经历，以及如何与老伴同舟共济。他拿出告辞老伴的组诗，句句动情，令人叹惋。这组诗是 1971 年先生病危时写的，由夫人装裱成册，岂料启夫人反而先他而去，于是又代老伴写了一组告别先生的诗，也很凄切，而且仍带谐趣（这两组诗在

1989年出版的《启功韵语》中合题为《痛心篇》)。我们读诗说诗，不觉已近午夜，我怕影响先生休息，起身告辞，先生意犹未尽，挽留说:“明天休息日，你又有‘铁马’，晚一点没关系。”于是我又坐下。先生找出一本装潢颇为精致的册页，上面有画和题画诗，说这画册是他夫人裱褙的。我一看便知画的功底很深，问:“画得很好，现在怎没见您画画？”启先生说:“我二十几岁时卖过画，以此谋生。”又说起以往的一段经历，我对先生坎坷的人生又有更深的了解。

这小乘巷八十六号小院，留下了启先生艰难的脚印和悲伤的泪痕。1976年地震，南墙倒了，先生作一联以自嘲:“小住廿番春，四壁如人扶又倒；浮生馀几日，一身随意去还来。”我去看他时，新砌的南墙还是湿的，所以床边贴着黑油毡。1991年我赴星洲审稿，在虚之先生处诵读启先生《潘虚之先生自狮城寄示移居诗四首自念小乘巷蜗居圮后迁寓校园已近十载桑下故巢竹树增荣时萦寤寐次虚翁韵兼以自嘲》四首，其二云:

残年回首尽浮云，种竹今生几代孙。
里舍欠成因树屋，郊居合号拟山园。
小乘旧泪时通梦，浩劫先茔莫有村。
骨肉全空朋友在，天涯文字偶相存。

沉挚凄恻，荡气回肠，使我回想起多少次在小乘巷与启先生晤谈的情景，真能催人泪下。

二、汉语论现象

启功先生来信托买《红楼梦》，我从出版社弄到一部，1973

年 9 月 6 日我将书送到小乘巷先生府上。在寒暄中，先生拿出郭绍虞先生寄给他的《汉语语法修辞新探》征求意见稿（1979 年由商务印书馆出版）和信，说："你的老师对语法的论述，我有不同看法，已准备回信同他商榷商榷。"我也曾收到郭先生的征求意见稿，书稿主要探讨语法研究理论，也涉及汉语语法规律。对于汉语语法，启先生有自己的看法，自马建忠《马氏文通》问世，便开辟了一条英语语法（Grammar）套汉语语法的门径。启先生对这一门径表示怀疑，以为很难行得通。他说着说着，便背诵起刘禹锡的《陋室铭》："山不在高，有仙则名；水不在深，有龙则灵……"诵毕，他笑了笑，说："这里什么是主语，什么是谓语，什么是宾语，说得清楚吗？拿'葛郎玛'来套汉语，恐怕行不通。汉语有自己的构成规律，从汉语的实际出发来进行探索，才能解决问题。"我说："启先生长期研究语言，一定有不少独到见解。"

启先生站起来，说："我给你看一样东西。"转身从柜子里找出一本比十六开还长一些的手稿，题曰："诗文声律论稿。"我接过来翻一翻，知道这是研究有关四声韵部与诗词曲骈文句式音节规律的论著，末尾注曰："本文自 1964 年起草，至 1971 年脱稿，曾经修改十五次，誊清六次。"先生治学之勤与严，给人以极其深刻的印象，我从心底里肃然起敬。我如饥似渴地从"引言"（后来改为"绪论"）细读起来，先生说："我还在修改，改完了请你提意见。"1974 年改毕，重新抄录一遍，晒蓝装订成册，又在晒蓝本上作了修改。后来我被借调到文化组，长期住在旅馆，连自己的家也很少回去，失去了聆听先生高论的机会，及至回出版社后，我又经常与先生见面。先生把 1974 年抄录的晒蓝本给我看，我拜读完了，写一信提出自己的意见，以为倘若能究其所以然，必更为精彩。旋即接先生答复，1976 年 6 月 16 日来信云：“手示敬悉，拙作过承奖饰，愧悚何如！中华已谈，仍不放，只得任之。中华海外部今秋可出书，陈凡云可寄五十部，未知得果否？尊论诸端，弟亦曾想过，其所以然，必有待于心理、生理、民族语言、生活习惯等等方面之证明，才能下一结论，即最浅之，‘仄仄平平仄’，为何好听，而‘仄平仄平仄’便不好听，其所以然，恐尚无人能作满意之解释。故弟曾谓此类问题为马蜂窝，不能乱捅。又拙稿取名为‘诗文声律论’，实兼论‘文’，其理一贯。其后半较简，然亦不须再繁。尊示以为广论文体，弟以为拙稿中文体主要方面如骈文、散文，乃至八股文，俱曾涉及，如再加详，在当日甚不可能。即韩愈之作，亦曾删除（今日自可再补），无论苏黄矣。今如加工加详，极为枝蔓，况贱体日就衰敝，‘后事还须问后人’，窃欲借诵焉。尊论四言成语，此在拙作论‘节’，论四言句各处亦已言及之，但未具体谈及成语耳。例如‘王杨卢骆’，四人生年行辈并非如此次序，其排列，只是声调关系，‘杨骆’为平仄两节。又如‘文沈唐仇’，明之四大画家也，沈为最长，早于文四十岁，而文却居首，盖由‘平仄平平’之调耳。不知高明以为如何？拙稿拟再翻拍数份，前一册即以奉贻，拙稿无足观，蒙奖誉为可愧也。尚望更得分析详细批示，如某处宜加什么内容；某处宜改，怎样措词，则感荷无既，千万勿稍客气，以学术之事，本为公器，决不容世俗之见也。又去年唐立庵先生兰，曾看拙作，语友人云：‘启功讲诗律，真不容易。’谓北人不知平仄也。弟曾有诗致之云：‘伧父谈诗律，其难定若何，平平平仄仄，差差差多多。待我从头讲，由人顿足呵，欲偕唐立老，一捅马蜂窝。’当时观者，无不大笑，唐老亦有和章，只‘马蜂窝’三字拆不开耳。附呈一粲。”来信对我提出的问题详加辩释，使人顿开茅塞，又以晒蓝本见赠，更是喜出望外。这晒蓝本我请人重新装订并裱上红绢封面，并增一白宣纸为扉页，然后请启先生题耑和题辞。启先生在红绢面上写下："诗文声律论稿，启功自署"，在扉页上写下："此拙稿晒蓝本，曾就正于东海同志，谬承装订成册见示命题，其中讹误尚多，不及追改，弥增愧怍。一九八二年十月六日启功识。"

诗文声律是启先生探索汉语规律的第一道难关。先生之论声律，由诗律、词律，扩展到骈文、散文，其难度自然也就增加了许多。然经十多年的潜心研究，终于在汉语构成规律的探索中，别开蹊径，并迈出了艰难的一步。

70年代，因工作关系，如借书、题签、约稿、征求意见等，我经常与启先生接触，闲聊的机会也就多了。启先生往往把话题转到他所思考的汉语现象问题上。当时所谈论的问题，到80年代，便陆续写成论文发表出来。因郭绍虞《汉语语法修辞新探》而引发关于语法问题的议论，提到刘禹锡《陋室铭》的主、谓、宾问题，在《古代诗歌骈文的语法问题》一文中，便作了正面解答，认为是“环境中衬出主宾，或上下挤出谓语”，“这全篇的主题是室，多数句子的主语也是‘室’，那些句的句式，又多是缺头短尾的老虎，如果按照‘葛郎玛’的条例，必须句中意义完全完成，主宾完全齐备之后才算一句的话，这篇中后半五十余字，只能算作一句了”（见1984年《北京师范大学学报》第一期）。有一次，启先生和我谈起联绵词，说各种不同发音的联绵词，能找到其共同的词义源头。他们以龙钟和郎当为例，因古今音变而演化出不同读音的联绵词，但其根有相通之处。说老态龙钟，双袖龙钟，吊而郎当，舞袖郎当，其共通的根，就是摇摆不定。他边说边举起手来示意，像提着什么晃动的东西。当时听了，我深深地佩服先生用功之细。西方各种表音文字有词根，音义近似。汉语是表意文字，则有意根，词义相通。这是先生的发现，倘能编出一本探讨意根的联绵词典，必能嘉惠后学，于是我当即恳请先生著书或撰文。若干年后，我问先生“龙钟”写出来了没，他说发表了，这才从《有关文言文中的一些现象困难和设想》一文中读到有关的论述：“龙钟、郎当、兰弹、锒铛（指锁链）、潦倒、了吊（即镣吊，一种锁具）、落拓、溜丢（《西游记》“破烂溜丢”），褦襶、邋遢、勒得（北方今音二字都作阴平，形容衣服不利落），这些词有一个‘根’，即不稳定不利落的状态。用到什么事物即是甚么貌。”（1985 年《北京师范大学学报》第二期）有一次，启先生问我对八股文怎么看，我说恐怕不能全盘否定，就写作技巧来说，讲究起承转合是古已有之的传统。先生说：“我正在研究八股文。”我笑了笑，以为他是说着玩。他接着说：“真的，我在研究八股文中的一些规律，同汉语现象有关系。”后来他真的写出一篇长文《说八股》，从八股的源流、技巧、韵律说到试帖诗，洋洋洒洒，写了数万言（见 1991 年《北京师范大学学报》第五、六期）。又有一次，启先生问我读过子弟书没？我回答：“可以说没读过，只是翻了翻，我们人文社出版的车王府曲本，就属这类说唱文学，似乎只能听，不耐读。”先生说能听就是它的优点。于是他接着谈到旧诗如何演变为子弟书，而且从子弟书可以看到新诗的希望。

后来他也写出一篇《创造性的新诗子弟书》，对子弟书的评价很高，认为子弟书可与唐诗、宋词、元曲、明传奇“四种杰出的文艺相媲美”，是“雅俗共赏”的“新体诗”。（见1983年《文史》第廿三辑）启先生在70年代和我谈的这些汉语现象问题，正是他几十年潜心研究的问题，虽然还没集中地写出系统理论专著，但在各专题论文中，已发前人所未发，为开出一条研究汉语规律的新路，作出了可贵的贡献。

三、诗书两称绝

启功先生小乘巷的陋室里，东屋的墙上挂着先生自书的一首词，调寄《沁园春》。我每次去总要仔细读一遍，上片有云：“检点平生，往日全非，百事无聊。计幼时孤露，中年坎坷，如今渐老，幻想俱抛。半世生涯，教书卖画，不过闲吹乞食箫。”结尾云：“从此后，定收摊歇业，再不胡抄。”全词亦庄亦谐，读了令人想哭又想笑。这是1971年所录“旧作”，我心知是“文革”中的新作，因为写的正是他在“文革”中的心情（其后收入《启功韵语》，注1971年作）。所谓“收摊歇业”，不过是牢骚语，古人有所谓戒文戒诗，实际都戒不了。1973年第一次见他，这词就高挂在墙上，在此后见面的交谈中，不是论文就是说诗，论文如上述，说诗也是常见的话题。

启先生每有得意新作，总要念给我听，并作些解释。1973年，有一次我骑自行车经阜内人民医院，听到有人喊，回头一看，原来是启先生，刚从人民医院出来。他目力之强，令人吃惊，我们初识不久，而且在车如流水人如鲫的大街上，居然认出我来。我见他脖子上套了个金属的家伙，忙停住问什么病。他说颈椎骨质增生，医生用牵引术治疗。后来我到小乘巷看望他，脖子上仍套着那家伙，但他说起话来，依然那样诙谐，于是念他的《颈部牵引》长诗，云：“头拴铁秤锤，中间系长练。每日两番牵，只当家常饭。”启先生的诗，语浅而意深，语谐而意庄。这诗开头从长颈鹿（先生以为即麒麟）写起，又从长颈鹿说到强项，从董宣说到朱云，然后笔锋一转，说：“巧宦云为梯，恶霸人作荐。”给善于向上爬的人捎带一鞭，读来自觉快意。挤公共汽车的一组诗，也是先生的得意之作，他念给我听，引得我捧腹大笑，这组诗就像幽默小品。

80年代初，我曾沿长江、黄河考察李白游踪，在路上写了一些纪行诗，归来录十数首向先生求教。蒙先生不弃，细心加以指点，如拙诗《咏丛台》七律颈联，原作：“当年骑射平千里，此地歌吹动九陔。”启先生指出“吹”字读去声，失协。我说“吹”字不是平仄两读吗？先生说：“杜牧诗‘歌吹是扬州’，‘吹’作仄。还是改了好。”作为动词读平，作为名词一般读仄，所以我还是遵照先生之意改为“此地笙歌动九陔”（在拙作《江河行揽胜诗草》中对此加以注明）。我请启先生为我写一幅字，他把一张宣纸裁为两半，用半张写了其论词绝句两首，一论太白，一论温庭筠。写完我们又聊起来，谈到聂绀弩的诗，启先生说他写了一首七律，题绀弩《赠答草》，次其序诗韵，把全诗念了一遍；又说，还写了一首五律，题绀弩《三草集》，次苗子韵，又把诗念一遍。桌上还有半张宣纸，先生说：“我写给你看看。”拿起笔来就写，“汤火惊魂意不飞，万才有罪四人肥……”边写边说：“人称‘天上九头鸟，地上湖北佬’，绀翁也以九头鸟自居，所以说惊魂而不飞。”二诗

写完说完，还剩下一截宣纸，于是顺手加个跋尾："苗子诗首句云：'何物九头鸟，奇妙不忍弃。'因并鸟字押之。1983年12月13日，东海同志枉顾，谈及诸句，录呈一笑。启功具草，时居浮光掠影之楼。"这幅谈诗的字，有意谈诗，无心作字，却是先生为我写的法书中最为有味而精彩的一幅，也许是因为此中灌注了先生的诗情。1986的12月3日，我有事到北师大小红楼启先生寓所，正好碰上霍英东的夫人请先生为其所画花卉题辞。我在一旁静观，先生提起笔，在一张小纸片的上空虚画了几圈，很快在纸片上写下两首绝句，然后题到霍夫人的荷花图和水仙图上。霍夫人悄悄告诉我："有的字我不认得，你能用楷书为我抄一下吗？"于是我便抄下两首题画诗，其一曰："荷叶披披一浦凉，高歌法曲买陂塘。当年白石如堪起，应羡清芬纸上香。"其二曰："红衣翠盖洛川神，仿佛临流放舸人。信有丹青回造化，冰天又见一江春。"霍夫人说："你的字也写得很好。"我笑了笑："你说我的字好，可当启先生的徒弟还不够格哩！"待启先生坐下来，我开玩笑说："您写字，我帮写释文，何以为报？"说着，我把起草的小纸片拿过来："这草稿给我就是了。"启先生笑着，点了点头。我把小纸片翻过来看，原来是张宝胜留下电话号码的便条。《启功韵语·自序》说："近些年笔墨应酬又忽增多，对面命题和当筵索句的信口、信手之作，又多无留稿。"譬如这两首题画诗，诗稿便被我索来了，自然无从收录。所以我在此公之于世，以便他日补遗。

我同霍英东夫人说写字当启先生的徒弟还不够格，这是心里话，并非客套，所以与启先生相交二十多年，从不敢正式拜师，但他却给我很多教诲和启示，是实际上的老师。我到启先生家，话题也经常转到书法上。在小乘巷，他时常拿出自己收藏的得意碑帖给我看，我印象最深的是那本唐人写经，是将写经字放大装订成册的一本颇为别致的字帖。他说是从厂肆装潢匠那里弄来的。唐人写经体势肥阔，字画古劲，犹存六朝遗意。他经常观赏临摹，获益良多。从这里，我不仅增长了学识，也学到了启先生的好学精神。有一次，我问启先生怎么写才能使字画富于力感，回答很简单，就是"准确"二字，说完提起笔在纸上信手划一条线，又拿过尺子，贴着尺再划一道线，说："哪一条显得有力？用界尺划的线有力，就因为准确。"这种看法我觉得很新鲜，前所未闻，仔细一想，确有一定道理，所谓成竹在胸，不也是为了加强准确度吗？当然，这是见仁见智的事，各有自己的看法，或倡北碑，以为碑字有力度；或爱狼毫，以为笔之弹性能增力感；或主气质，以为气刚则力强，而启先生的"准确"说则界于画思与技巧之间，自是从实践中得来的判断。有一次启先生写完字，举着笔，问我这笔花多少钱买的。我知道先生的功夫并不在好笔，肯定是便宜货。我伸出食指，说："一毛。"他笑了："六分。"看来，所谓"工欲善其事，必先利其器"的说法，只是对工匠说的，在大家手里，总是得之于心而应之于手，下笔若神行。先生曾说，他到钓鱼台国宾馆写几幅大字，有一种异样的感觉，如有神助，大概会写字的人常有这种感觉，这真叫"神来之笔"。启先生教我写字，不只是身教言传，还给我示范。他从 70 年代到 80 年代，常为我写字，这些字都是我学书的范本。难怪有人说我写的字有点像启功。尽管如此，我仍不敢说是启先生的门生，怕有辱师门也。

罗庸与郑奠

郑克晟

抗战前北大国文系教授中，除老师辈者外，少壮者有“二罗”、“二郑”及魏建功、唐兰等人。

“二罗”为罗常培（莘田，1899—1958）、罗庸（膺中，1900—1950）先生；“二郑”为郑奠（字介石，后改石君，1895—1968）及郑天挺（毅生，1899—1981）先生。膺中先生及石君先生与先父郑天挺先生为同班同学，毕业于1920年北大国文系。大罗先生则早他们一班。但四人关系均甚好，凡事大家商量，无所不谈。

膺中先生为北京人，是他们班年龄最小且最具才华的学生，平时学习亦最刻苦。1922年，他还与张煦、郑先生同入北大研究院国学门为研究生，关系更为密切。其后不久，膺中先生即在中山大学任教，且享有盛名。1930年后又回北大任教。唯身体一直不太好。

1934年夏，南京古物保管委员会想请膺中先生为秘书，罗找郑先生商量，郑先生力阻之，罗即未往。

1935年11月，日军侵逼华北，北平局势骤然紧张。时国立院校负责人日夜开会，研究应变措施。膺中先生家即住北大附近，郑先生为了方便，天天去罗处吃午饭。一次，两位罗先生均在，问及校中情况。郑先生除对学校图书及秘书处（时郑先生兼北大秘书长）各部门有所布置外，即向“二罗”表明：“如本人不能维持时，则交各主任；各主任不能维持时，则交之与校关系较深之老职员，俾校产不致损失。”“二罗”先生均以先父之安全为虑。郑先生笑着说：“有一语可相告。即此身绝不从贼耳！”说完，三人又相与大笑。

抗战后，膺中先生随北大师生由长沙临大又至昆明西南联大任教。西南联大校歌之歌词即出于罗先生之手，异常悲壮感人。

1939 年，北大文科研究所恢复，“二罗”及郑先生均任导师。膺中先生对研究生极为严格，一次在王明（哲学）先生口试中，独他发问最多。当时莘田及郑先生均住城内靛花巷 3 号北大文科研究所小楼单身宿舍中。该楼凡三层 18 间房，郑及莘田先生住二楼且为对门。同住二楼者尚有傅斯年、向达先生，三楼住陈寅恪及汤用彤先生。膺中先生因有眷属，全家住在岗头村乡间。

是年 9 月，罗庸先生约郑、罗二人去其家吃饼。时大罗先生屋正有客人。郑乃以便条：“于陵陟弓于略居乙必郢”（膺中约吃饼）十字投之罗先生屋。罗以“五可背故怯句七梗的盖些夜”（我不去，请代谢）十二字相答。两人谓此为密码电信，意即用反切以不示人知也。战时教授间趣事多类似。

1941 年，膺中先生家中失火，损失甚巨。郑先生等人去看他时，他表现甚为镇静，就跟未发生什么事一样。其多年之修养如此。

1944 年 11 月，罗常培先生赴美讲学，所担任之联大中文系主任及北大中文系主任，均由膺中先生担任。1946 年春节，时郑先生已回北平。罗致函郑先生说，已与汤用彤（北大文学院长）商定，复员后之北大中文系拟请俞平伯先生为教授，让郑先捎个口信，“询其意旨”。事后，俞先生来到北大，而罗先生本人却并未回平，而留在昆明师院任教。其中一因，据说与个人宗教信仰有关。

膺中先生在 1949 年夏应梁漱溟先生之聘，至重庆勉仁学院任教。1950 年春，即因血压高中风。郑先生闻讯后即给他写信，劝到北京来治疗。他 4 月中旬在重庆回过一信，信之全文如下：

毅生兄赐鉴：3 月 16 日手教奉悉。弟自 3 月 1 日卧病，及今已 40 余日，右半身不能动，腰部以下因久卧成疮，口舌转运艰涩，近中始觉渐有转机。13 日，又辛弟由昆明飞抵此间招呼弟疾，心中舒畅，病势因以减去不少。日内拟移住北涪医院，俟能起动时方可首途。祈转告友好，请释悬念为祷。专此奉达，并候近安！

弟庸敬上（1950 年 4 月 15 日）

不料来信不久，病势更重，终于在是年 6 月逝世，年仅 50 岁。

罗先生系郑先生之挚友，其道德文章，令人仰慕；惜英年早逝，尤令人惋惜。

郑奠先生系浙江诸暨人，上学时在班中年龄较大，同学尊称他为“老大哥”。他亦乐于助人，尤其对先父帮助极大。

1923 年左右，由于他之介绍，郑先生至北京高等女子师范学校（简称“女高师”，后为“女师大”）讲授地理课。1926 年

“三一八”惨案，所死刘和珍同学即“二郑”先生之学生。刘家境贫寒，上有母，下有弟，急待救济。3 月 25 日女师大举行刘和珍等人追悼会后，郑先生即致函“老大哥”，请其代募赙金。次日，石君先生即来电话，对为死难家属募捐事极为赞成，乃各自捐助若干元。

石君先生对郑先生在学业上帮助亦大。1926 年底，一次曾向郑先生出示他的日记，内中凡分养生、进德、治学、事务、见闻、杂识五栏。养生述身体状况；进德述涵养；治学记自修、教课；事务记交际、书牍，云云。郑先生阅后，深有启发。

石君先生 30 年代在北大国文系地位极高，处于高辈及少壮之间；学问亦甚扎实，令人敬佩。1935 年北大国文系改组后，文学院长胡适兼主任，而系中主事者即石君先生。

1935 年，福建省主席有蒋鼎文继任说。蒋亦诸暨人，与石君先生相识。石君乃有荐郑先生任教育厅长说，而未对郑明言，仅在信中多所鼓励。后蒋之继任事未成，其事遂过去。

石君先生是个孝子，每年都回家乡省视老母。1937 年“七七事变”时，先生正在诸暨，又因侍母，故未随北大师生至西南联大。然抗战 8 年却一直在家乡办中学，宣传抗日，条件相当艰苦。

抗战胜利后，先生至浙江大学任教。当时浙大文科亦享誉海内外，颇负盛名。

1948 年，北大又希望石君先生回校教书，由郑先生写信致意。是年 5 月，先生由浙大回郑一信，其中称：“奠少壮岁月全在母校（北大），令已垂老，宁忘欲返。顷承雅嘱，固自有动于中。唯念十余载来，人事推迁，贸贸然归，处境能否相得，殊费悬揣。莘田兄今夏归国否，尤在念中……奠在此初无多恋，家务略事部署，子女求学得所，则行止尚可自如也。”

结果是，是年暑假罗常培、魏建功先生都已回北大，而石君先生却未北上。

1952年院系调整，浙大成为工科院校，石君先生应罗常培先生之邀，到中科院语言所任研究员。

1955年，我大学毕业后分配至中科院历史所。是年11月，院部组织去朝外“三八”合作社参观，其中带队者即院工会副主席“郑老”。时先生年正60，一见即知系一位道貌岸然的学者。经人介绍后，我向他问安。他摘下帽子让我看，但见头已光秃，余发已银白，称他“郑老”，确实名副其实。

1959年夏，石君先生及同年陈伯君、章川岛、马巽伯诸人在京为郑先生祝60寿。石君先生对郑先生说，“二罗”已没了，就剩“二郑”了，意尚幽默。然当时的他也已步履蹒跚，老态备至了。

1963年3月，石君先生在报上见到郑先生担任南开副校长，异常兴奋，他仍如几十年来关照这位老“宗弟”一样，其内心之喜悦，别人确难理解。当晚他即乘车去老友马巽伯处通知此事。

石君先生因抗战时未在西南联大。故晚辈中人知之稍少，晚年心境亦不尽如人意。一位为了抗战而坚持在敌后办学的人，自己虽有着某些牺牲，其高风亮节尤值得大家称颂。

2000年6月22日晚

艰险征程
——记朱东润先生

林东海

一、叙传论杜甫

朱东润先生是著名的传记文学专家，自上世纪40年代初即开始研究传记文学，撰《中国传记文学之发展》、《八代传记文学叙论》等论文，并著有《张居正大传》。50年代至80年代，又相继完成《陆游传》、《梅尧臣传》、《杜甫叙论》、《陈子龙及其时代》、《元好问传》、《朱东润自传》以及为其夫人所作《李方舟传》等，共著八部传记，对中国传记文学作出重大贡献。

其中《杜甫叙论》1981年由人民文学出版社出版，我作为责任编辑，因而在此书出版前后能有机会领受其有关传记问题的教导，这里谨将谈话及通讯情况记述若干。

当我听说东润师“文革”后写成《杜甫叙论》，即为人文社写信征求此稿。1978年8月13日朱师复信云：“《梅尧臣诗选》能于9月间发稿，极好。待清样寄到时，如有便人来沪，即可持《杜甫叙论》北去，息壤犹在，谅不会食言也。”又于同年9月9日来信说：“《杜甫叙论》，一切均如上次所决定者。月内即行重看一遍，一俟有人带‘梅选’清样来，即凭来信交出。尽管此中并无特长可言，但总是经年苦思所得，不愿即付邮寄去，因挂号信件，万一遗失，彼时即如哑子梦见妈，有苦说不出也。”朱师不肯轻易交出《杜甫叙论》手稿，似乎是因为对人文社不够信任。当时我从《梅尧臣诗选》的书稿档案中获悉，“梅选”系人文社古典部负责人王士菁所约之稿，1964 年年底交稿，即被搁置起来。1965 年 6 月，朱师致信王士菁询问审稿情况；1966 年 1 月又致信古典部询问“梅选”审读情况，并说：“又拙稿《梅尧臣传》，曾因王士菁同志一再函询，前曾言及，此时既未闻士菁同志回京消息，即不必提矣。”由于“梅选”一稿压了十年之久（其中有“文革”原因），朱师即将《梅尧臣传》转到中华书局，同时也不轻易交出《杜甫叙论》，从这里也可看出出版社和作者之间信守合约的重要性。直到 1980 年 4 月间，人文社才将“梅选”清样寄去，并取得《杜甫叙论》手稿。有鉴于“梅选”的遭际，我不敢延宕，抓紧审读，当年即发稿，1981 年 3 月出版。此书及时出版，出版前由《文学遗产》刊登末章，出版后我又写了一篇评介文章刊于《读书》杂志，所以朱师颇为满意。朱师之此作，也颇为得意，其得意之处，在于书中提出了杜诗创作的两个高峰。1985 年 5 月 10 日朱师来信云：“《杜甫叙论》能在最近重印，诸承费神，感谢之至。《复旦》（海按，指《复旦学报》）1980 年第三期有拙著《论传记文学》，未审能稍助文思否，甚念。论杜者多年以来，大约一线相连，所见固是，启发不足。拙著提出两个高峰（海按，指秦州诗与夔州诗），诚恐为方家所笑，但高山层峰叠出，却是事实，杜老在长安时是一番面目，入蜀以后，又是一番面目，似乎未可抹煞。‘晚节渐于诗律细’，昔人以为三、五、七结句上去入互用，其论极精，其实杜老之七律组诗、拗律、七言拗律长篇（《岳麓山道林二寺诗》昔人以为古风，但除首尾外，中间无句不对），其律亦何尝不精？《八哀》诸篇，五家评杜，涂抹殆遍，然如‘不知万乘出，雪涕风悲鸣’之句，评者能望其项背否。拙见如此，未知暗窗庄诵，亦有同感否。衰年谬论，附此奉闻。”其于杜诗之两高峰及组律、排律尤三致意焉，这也正是他的独得之秘。

二、文学与传记

东润师曾为我们开设过传记文学课，讲过他对传记文学的种种看法。我在责编《杜甫叙论》的前前后后，无论是海上师友琅邪行馆的促膝长谈或是京沪信札往还，也都经常议及传记文学。朱师有关传记的种种见解，倘若加以归纳，无外乎“真”与“活”二字。

传记为传主立传，其人要写得真，其人之所以为真，必入于事理之真，其事理之所以真，必系于时代之真。所以朱师之作传记，往往先从时代切入。把握住时代精神，才能洞察事理，也才能将传主写真。《杜甫叙论》第一章是“忆昔开元全盛日”，从大唐帝国之兴起，说到杜甫所处的时代，对当时内外种种矛盾加以分析。1980 年我到沪宁为《唐宋词鉴赏集》组稿，曾到复旦拜访朱师。这次我们又谈起传记文学，朱师说他正酝酿撰写《陈子龙传》。之所以选陈子龙为传主，主要是因为其时代的复杂性。在那阶级矛盾和民族矛盾交叉的时代，会构成人物的复杂思想和复杂性格，为这样的人物立传最难，但可以作一种尝试。（次年动手撰写，1982 年完成，1984 年由上海古籍出版社出版。）八十五岁高龄的朱师，有此魄力作新的尝试，我除了佩服，就是惭愧，同时也学到写传记必从时代切入的道理。了解时代，才能明白事理，而明白事理，还得敢于讲真话。对于讲真话，朱师 1982 年 2 月 10 日来信云：“传记这一条道路是值得发展的。当然在中国有许多不利于这门学科发展的因素，例如自古以来很多人痛恨真话，要说假话，直到最近的过去，这个风气没有改变。日本的女同志必须涂粉画眉，其实中国有些女同志，素面朝天，何尝不使人钦佩！要开辟这条路，看来是不简单的。我是不怕艰险的，但是八十六岁也实在太迟了。估计我对于这门学科，只能开一个头，至于带博士研究生，大约无能为力了。岂有九十岁尚能闯此雄关乎？”

传记文学为传主立传，其人要写得活。要使之活灵活现，就要从整体上去把握，而不要肢解。朱师多次反对梁启超《王安石评传》那样大卸八块，认为这样做看不出这个人物的完整性和复杂性。传记毕竟不同于学术论著；传记可以进行文学加工，使之生动活脱。朱师之传记有时就用环境描写和对话形式来加强文学性。然而，传记又不同于文学创作，不能南腔北调式地加以组合，更不可无中生有地加以虚构。而中国的传记文学却往往摇摆于两者之间。朱师对此颇有感慨。1982 年 3 月 8 日来信说：“闻有志传记文学，深信此道不孤，极为欣慰。看来此事在中国发展，前途仍有若干魔劫。梁启超作过一些尝试，论及年谱，确有见解，所作意大利三杰传及王荆公评传，皆未能如其所期。胡适亦谈传记，其推重的张季直传记，其实仍多肤廓之辞。看来此事在国内尚须好好推动。顷有报名考此项研究生者，未考以前先问能否以文艺创作代替毕业论文。如此糊涂，真可骇人。”又，1982 年 4 月 15

日来信说："目前所谓'传记'有些走向创作阶段。一切事物，扶得东来西又倒，岂特醉汉而已哉。搞传记文学者有限，而论传记文学者方日出而无穷，终于以一哄了事。世事如此，诚非初意所及。"可知写活而不流于死板与虚幻，诚非易事。

三、作诗不言法

1980年，上海文艺出版社王一纲兄来为其《文艺论丛》约稿，我即将复旦本科毕业论文《诗法举隅》稍加修改以应命。后来郝铭鉴等友先后劝我将论文改成十万字小册子，列入"文艺知识丛书"，盛情可感，不敢违命，征得一纲兄同意，不以论文形式发表，容我改写。于是我又花了二十多天，在论文的基础上加以增补，并以通俗文字重新改写，书名仍称"诗法举隅"。书稿付排之后，我想起请朱师作序，因为我的导师刘大杰先生已经仙逝，不能为我作序，而朱师一直是我的系主任，又早就研究《诗经》，深通诗学，所以我写一信向朱师求序。

书稿不在手头，清样尚未排出，我只将小册子的目录抄寄朱师。不出一个星期，便接到朱师的复信和《序》稿。来信云："《诗法举隅》既未见，只能凭空立论。其实见了，我也写不出来，因为我对于诗法实无所见。古人有好诗，但不言法，王士禛、赵执信言诗有法矣，其实远不及古人。长长短短之句，平上去入之韵，其实都是唐顺之所论吹画壶，不知吹到何处。无真情实感而为诗，作了不如不作。王力先生为当今最能言诗法者，其诗尚未拜读，不敢妄评。"信中的这些基本看法，都写在这六百余言的《序》中，即言情志而不言诗法，乃云："情之所至即诗之所至，诗而至此，不可与言法，亦不宜于言法。平上去入，阴阳翕

合，作者无此一念，即举者亦无可举。”朱师论诗之重情志如此。我考察太白游踪，作了些纪行诗，抄寄四首请他指导，来信说：“四首诗大抵皆好，但读至‘欲济苍生成逐客，却抛宏愿付流霞’（海按，《吊白少傅坟》颔联），不禁低徊久之。所谓‘别有怀抱’者在此。即此二句，可以平揖古人矣。”甚谬加称赏者，正在“别有怀抱”。

我接到朱师《序》文及信，颇费斟酌，我的书名就叫“诗法举隅”，朱师却说“不宜于言法”，“即举者亦无可举”，这岂不是唱对台戏吗？我冷静一想，此《序》甚妙，为我的小册子堵了个大漏洞，免得人家说我只讲艺术不讲思想，只讲形式不讲内容。倘有大批判棍子抡过来，朱师一《序》便同于方天画戟，足可招架一阵。于是决定用，但我必须写篇《后记》，稍加说明，说明“以法从意，以意运法，入于有法，出于无法”的道理，以免读者莫名其妙。

小册子出版后，读者对《序》和《后记》颇感兴趣，以为我们师生俩在这里作了一场小小的辩论。《文汇报》1983 年 3 月 23 日载华燕《说序》一文，把我们师生俩表扬一通，文章说：“序言后记，前呼后应，展开了一场小小的论战”，“我饶有兴致地一连读了几遍。既欣赏朱先生的健笔凌云，持论泼辣，从《诗经》谈到荷马，有文有识；也有感于序言后记的字里行间，洋溢着师生之间的诚挚情意，表现了严肃的治学态度和‘吾爱吾师，吾尤爱真理’的亚里士多德式的求索精神”。

远古澳洲的同窗老友沙予来信说，读了朱《序》，发现朱先生的观点变了。沙予指的是《序》中所说：“《楚辞》作者之投湘而死”，似乎是承认有屈原其人了。其实，朱师在这里仍未提屈原。在他看来，楚辞作者不等于屈原。朱师 1950 年撰写四篇研究楚辞的论文，对其作者，提出不同看法，认为非屈原所作。陈四益同学说，他曾就此问题询过朱师，朱师表示观点不变。

四、书法成一家

朱师 1984 年 1 月 10 日来信说：“近来颇觉衰颓，上海方面忽有人发奇想，以为我的书法有什么用处，居然有人一再索要。如此涂鸦，居然有人问津，此事真是愈演愈奇矣。”我深知信中的话语，充满得意的情绪和成功的喜悦。

早在复旦求学时，就知道朱师于书法功夫下得很深，也很传统。我们同学有时结伴到朱师府上，观赏他所收藏的碑帖，并请他讲书法。他特别强调学书必由篆字入手，才能打好基础。他自己就是从这条路走过来的。有时指着碑帖问他古人写的字好在哪里，他总是歪着头瞧了又瞧，嘴里啧啧有声，说：“有味，有味。”无论你怎么问，他只用“有味”两个字回答。乍一听，很不能满足求知欲，可当你对书法有点入门时，便会明白这样的回答既模糊又准确。

1995 年 4 月 6 日，姚汉荣同学自上海来，为我捎来朱师所赐的一大幅墨宝，立即展示围观，一张熟宣，只写了碗口大刚健有力的二十八个字：

穰侯老擅关中事，尝恐诸侯客子来。
我亦暮年专一壑，每闻车马便惊猜。

这首诗是王安石的诗，题为《偶书》。我知道朱师借写此诗发

点牢骚，即所谓借他人之酒杯，浇自己的垒块。在当时，这是情理中的事。为了表示感谢并加以劝慰，我次荆公诗韵诌了一首歪诗寄奉朱师，诗云："泽畔楚骚吟不得，滔滔江水拍山来。须当登岱观沧海，老骥任凭野鹤猜。"朱师虽不免有所感慨，但正如他说的，他是"不怕艰险"的，意志并未尝消沉。

在京的校友，多有求其书法者。我又求得二轴行书条幅，录二绝云：

艰难儿女两行齐，向晚书声满小溪。
为说新诗传万里，一时回首向天西。

江雨濛濛作晓寒，雪飘五老发毛斑。
城中咫尺云横栈，独立前山望后山。

所书诗均未注出处，如书荆公诗然。自愧孤陋，竟不知是古人诗抑或朱师自作诗。因去信询问所书是谁之诗，复信说："所写条幅，究竟是谁的作品，竟亦不复记忆。写时如行云流水，本自无心之故。"以此至今仍未弄清楚，或许博雅君子有以教我。

我很想读先生的诗作，所以1983年特意去信求其书自作之诗，并署所书年月。不久即接行书横幅一轴，所书诗为七律，云：

登楼长日许徘徊，辛苦还堪一举杯。
甲胄经年生虮虱，金钲百战走风雷。
捷书盾鼻真常事，倾国戎衣亦霸才。
又是西南吟望地，中年踯躅有余哀。

此诗写抗战感怀，朱师时在蜀中。朱师曾任职于武汉大学，抗日期间，一度迁至四川乐山，或即作于此地。其诗气刚笔健，其字剑拔弩张，是我所存朱师最好的一份墨宝。朱师教学科研之外，酷嗜书法，亦颇以书法自诩，记得在复旦时，他曾说其书法在著述之上，以为可传于世。晚年果以书法名家，据说誉满东瀛，此固非始料之未及也。

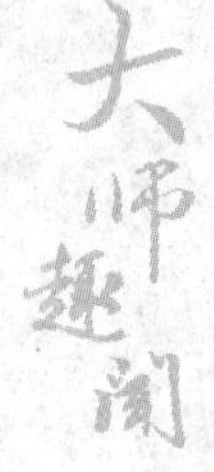

辜鸿铭先生

罗继祖

辜鸿铭先生之一

辜鸿铭先生与先祖雪堂公为老友，大约光绪己亥年相识于上海，到次年（庚子）又同在湖广幕府。先生卒后，先祖为作《外务部左丞辜君传》于《辽居乙稿》中。

先生名汤生，字鸿铭，以字行，福建同安人（今同安隶厦门市，故一作厦门人）。辜家先世，有名礼欢者，为英属槟榔屿领袖兼营商，其曾祖父也。祖父名龙池，父名紫云，皆在槟榔屿任职。先生生而岐嶷，以生于海外，不克返国求学，有英人过槟榔屿者携以入英就学，受英人教育。光绪三年，以优等成绩获爱丁堡大学文学硕士学位，嗣又先后毕业于德国工科大学、法国巴黎大学，复游历意、奥等国，才名藉甚。然耻不知国学，谋返国补习，时年将三十矣。初依其伯父于福州，继赴上海从师受学，读五经诸子，日夜不释手。数年遂遍涉群籍，爽然曰：道固在是，何待旁求。时张文襄（之洞）督两粤，闻其名，罗致幕下，询以欧洲政学得失。先生畅言无隐，大要言欧美主富强，骛外者也；中国重礼教，修内者也。言一时之强盛似优于中国，而图长治久安则中国之道盛矣美矣！文襄闻而惊异，以为闻所未闻。凡涉外事就询焉，不烦以常职。但辜先生对文襄也有看法，因文襄主张中西兼采，主张变法，废科举，在方法上有了差异。故先生虽在文襄幕二十年，然而宾主思想未尽一致。文襄逝后，先生慕其廉洁，称为“儒臣”。

入民国后，先生辞南洋公学校长不干，而与所谓“宗社党”靠近。张勋丁巳复辟时，授以外务部左丞而不辞。复辟败，仍从事讲学以终。

先生精通西文，又能以西文译述中土经典，为西人所翕服，与严几道（复）之译斯宾塞书入中国，各趋一极。然先生之风过严远矣。

先生言行在近代人眼中，先目为“顽固”，继又目为“怪”。1988年钟叔河先生撮记其事，刊入《凤凰丛书》题曰《文坛怪杰辜鸿铭》。我认为钟先生虽品题先生为“怪杰”，然还是颇具只眼的。不然，当世几不知先生为何许人矣。

辜鸿铭先生之二

辜先生在两粤、湖广幕府二十年。其事功少而言论独多。论事功，只能举出他在东南互保之役值江鄂两督与洋人交涉，免使地方糜烂，后来庚子拳乱时，在京同李合肥与联军统帅瓦德西当面折冲，使对方未再生枝节两事。而言论则有下列一些，皆见于所著中西文撰著及论文中，今据《文坛怪杰辜鸿铭》一书举其荦荦大者如次。

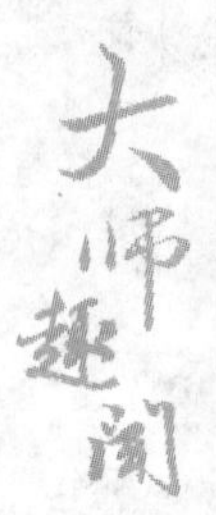

一、先生以布衣参督幕，至清末位仅至外务部员外郎，左丞则张勋丁巳时所授。先祖雪堂公作先生传称左丞，《辞海》沿之，误。

二、先生对当代巨公各有品目。目张之洞为儒臣，以其历任繁剧，而不以养殖自肥。目曾国藩为权臣，以其终身服臣节，不叛清而代之如袁世凯。目李鸿章为权臣，以其品节不如曾，而当重任。又谓，张文襄学问有余，病在傲，午桥学问不足，病在浮。文襄傲，故其门下多伪君子；午桥浮，故其门下多真小人。

三、与盛宣怀谈，盛自谓理财不如张文襄。先生曰不然，张不如宫保（指盛）。我为张公属吏，至今犹劳人草草；宫保属吏，虽一小翻译，亦必身拥厚赀，富雄一方，盛闻唯有苦笑。另一次，先生晤盛于上海。适其所译《中庸》刊成，见索，盛问《中庸》要旨何在？先生曰“贱货贵德”。盛他顾不能答。

四、袁世凯与张之洞同入军机，对驻京德国公使说，张公是讲学问的，我是不讲学问的，是办事的。先生闻之曰，老妈子倒马桶是用不着学问，我还不知办其他事也不用学问。又袁本一乡曲无赖，借机登上高位，还野心勃勃想当皇帝。先生遂以欧洲“贱种”比之，说孟子曰“养其大体为大人，养其小体为小人”，人谓袁为豪杰，吾则视同“贱种”。

五、先生《读易草堂文集》二卷，乃吾家刊版，失于乙酉之劫，今闻台湾、海南均有复印本。雪堂公作序称为“醇儒”，盖能以儒家宗旨觉世牖民，20世纪以来，先生一人而已。其中如《宣统初应诏陈言疏》，雪堂公认为探索根元不让贾长沙者。今略述于此：（1）中国士大夫不知西洋政教之所由来，徒然慕其奢靡，以致朝野一致倡言行西法，兴新政，一国若狂。（2）政治之得其平，不患无新法而患不守法。（3）朝廷行内政则不守旧法，办外交又无定章可守。（4）太平军兴，湘军转战各省，朝廷许曾国藩便宜行事，因而形成内轻外重之局。（5）李鸿章继曾国藩而起，品学行谊不如曾国藩纯粹，北洋权势几与日本幕府专政不相下，言洋务者知有李鸿章，不知有朝廷。（6）北洋既败（指中日之战，北洋陆海军几全覆没），各省督抚争办洋务，度支不敢过问，上下纲纪荡然，是以庶政不修，日趋阽危。先生疏末，更为筹解救之术，然而空言无补。载沣、奕劻当朝，能听之用之乎？

六、先生在《义利辨》一文里指出："今夫新学也，自由也，进步也，西人所欲输入吾国者也，皆战争之原也。我国之文明与欧洲之文明异，欧洲之文明及学说在使人先利而后义，中国之文明及学说在使人先义而后利。"虽然，先生之论亦未免陷于一偏。

先生有子守庸，为如夫人日妇蓉子所生，亦精英、德文，然他无表现。

辜鸿铭先生之三

先生在其《张文襄幕府纪闻》中记慈禧七十生日，先生谓人曰"万寿无疆，百姓遭殃"，语含反讽，而以笑骂出之，如在乾隆文字狱时，必罹极刑矣。其言较王湘绮、章太炎诸谑联，尤为入木三分。

先祖雪堂公虽颇倾倒先生而为作传，然同在文襄幕中，于废科举，建学堂，亦与先生议论相左。唯于阻文襄立报馆恐莠言乱政一事，则至晚年犹津津言之，推为先识。唯未记入《集蓼篇》中。

我说辜先生言行，使后世作史者有欧阳庐陵，必以入《独行

传》无疑，惜乎今世人无不以“怪”目之。而“立异以为高”之说，则首倡自胡适，先生岂能瞑目于九泉耶。

最后，钟刊《文坛怪杰辜鸿铭》书中，兆文钧所写《辜鸿铭先生对我讲述的往事》一文，记辜先生参赞庚子时庆（奕劻）李（李鸿章）讲款经过甚详，梁漱溟读而书后。这是一篇近代史上重要文献，已载入全国政协编《文史资料选辑》第八辑，但似尚未引起史学界的重视。

1998 年 3 月上旬

银汉七星

郭久祺

这里谈谈我们认识的七位专家学者，每一位只谈其某一方面，不可能全面介绍。他们的专业不同，但在其专业方面都发出大量的光和热。因此我标为“银汉七星”，意思是：他们是银河中的巨大恒星，但在茫茫银汉中这样的巨星还多得很。

一、俞平伯先生的诗与童心之美

俞平伯先生，名铭衡，浙江德清人，是我的舅公。有些人称他为“红学家”，是不够全面的。他在古典文学研究、文学史与诗词、散文创作等方面，都有丰硕的成果。这里只谈一下他的诗。

俞老的曾祖父俞樾（曲园）先生是经学大师，父亲俞陛云先生是探花，都有很多著作。家学渊源，这与俞老能登上文学高峰当然有关系。1990 年俞老仙逝时，他的乘龙快婿易礼容先生撰一副挽联：“三代文章，半生风雨。”概括得很恰当。

俞老的旧体诗词与新体白话诗都有很高的成就，都有自己的特色，而这两方面的特色又是互相关联的。正如他的哲嗣俞润民先生（我的表叔）在俞平伯先生传中所说，俞平伯先生在他的新诗音律方面能有如此独特的成绩，正是源于他家学的熏陶，虽然他不采用旧诗词的律令，但能很自然地把自己的感情与音律融成新的自然的音调。文学家朱自清、闻一多、胡适都曾称赞俞老的新诗有一种优美的自然的音律和风韵。

另一方面，俞老的旧体诗也受其新诗的影响。叶圣陶先生在《〈俞平伯旧体诗钞〉序》中说："他后来写的旧体诗实是由他的新体诗过渡的，写作手法有些仍沿着他以前写新体诗的路子。"因之，他的旧体诗词清新自然，较少用典，尤其不用僻典，看似浅显而每有深意，看似通俗而实典雅，音调铿锵，自然也合乎平仄韵律。有一些甚至接近白话，但仍富有诗意。

他的诗词所以能达到高妙的境界，还有一个重要因素，就是他的童心，或者说："赤子之心"。废名先生在《〈古槐梦遇〉小引》中说："若君者其所谓不失其赤子之心者乎！"俞老自己也说："诗的心正是人的心，诗的声音正是人的声音。'不失其赤子之心'的人，才是真正的诗人，不死不朽的诗人。"最能表现童心的是他描写童年往事的白话诗集——《忆》，各篇都是描绘自己的童年小事，完全是孩童的天真烂漫的口吻，栩栩如生，情趣盎然。名画家丰子恺又给他配了十几幅生动的漫画，诗情画意，相得益彰！朱自清先生又写了《跋》，这本小册子犹如三宝合成。文学家们和广大读者都非常欣赏。现引其第十一首：

爸爸有个顶大的斗篷，
天冷了，他张着大口欢迎我们进去。
谁都不知道我们在那里，
他们永远找不着这样一个好地方。

斗篷裹得漆黑的，

又在爸爸的腋窝下，

我们格格的笑：

“爸爸真个好，

怎么会有了这个又暖又大的斗篷呢？”

再看第十五首：

小小一个桃核儿，

不多时，摇摇摆摆红过了墙头。

仅仅两行十九字，似乎在讴歌生命的力与美！而且是通过孩童的心理来欣赏这一奇妙的生命现象！

俞老的童心不仅表现在这一类回忆儿时情趣的小诗中，他常常把一些平常的事物或景象，以朴素清灵的语句写入诗词，便成妙品。他的诗句很像是随口而出，自然佳妙！正所谓“清水出芙蓉，天然去雕饰”。袁枚有一首讲作诗方法的诗，其中有两句：“……夕阳芳草寻常物，解用都为绝妙词。”以这两句来形容俞老的某些诗，也很恰当。我们举两首如下：

明景泰帝陵

百年陵阙散芜烟，芳草牛羊识旧阡，

一树桃花红不定，两三人影夕阳前。

吴苑西桥旧居门前

成尘寒雨浴河堤，鹅绿杨枝颤复欹。

别巷卖花声乍远，馄饨担子上桥西。

俞老的父亲俞陛云先生（我的太外公）六十岁生日时，俞老作了一首《父大人六十寿诗》

何处春深好，春深丈室中。
灯前承色笑，膝上置孩童。
协趣高怀远，颐光素志同。
壮容仍矍铄，晴旭再回东。

这首诗充满了祖孙三代全家欢乐庆寿的天伦之乐的美妙情景，也充分体现出俞老纯真的孝心，但仅用“父慈子孝”来分析是不够的。我幼年时曾见到这位太外公，是一位阔面银髯、才广学渊、敦厚慈祥的长者，也是一位童心不改的诗翁，治学严谨，待人忠厚诚实，不求名利。俞老学术水平与品格作风的形成，当然都与老父的教育培养有关。因之，父子人生观与性格志趣相同，又都热爱文学，专心学问，经常在学问上互相研讨，如师如友。因此，诗中出现了“协趣高怀远，颐光素志同”这样的佳句。

甚至哀悼的诗，也含着赤子的真情，如《佩珣二姊哀词》四首中的第一首：

忆我孩时姊最怜，分甘擘果便欣然。
而今空把椒浆奠，和泪应难到九泉！

俞老的童心不仅表现于诗词中，也表现于散文中，甚至也表现于日常生活中，也表现于处世、待人接物等方面。九十年的生涯，他一直是以纯真的善心对待一切的。这与他能以童心写出优美诗文是有联系的。试想，如果某人在待人处世方面城府深严，或翻云覆雨，决写不出童心的佳作。

由于诗词在俞老心灵中构成美丽的心中花园，他多次梦中得句，这当然不是神话而是完全可能的。而且，梦中的诗更加美妙自然，童心的色彩更为明显。例如，1922 年在太平洋舟中一次梦中得句颇多，醒来只忆得二句：“杏花隔宿退红棉，初分秧子碧于烟。”又如，1968 年梦中咏香山红叶云：“霜风红遍西山路，莫作江南春色看。”

俞老这种诗风同样表现在对联中。解放前有一年，他在南屋庭前廊柱上贴一副春联：“买雏养就冲霄鹤，拾子栽成偃盖松。”上句指住在西房的俞老的庶母龙氏夫人（名怀珠）养的几只鸡长得很肥壮；下句指他同夫人许宝驯女士（我的舅婆）在花盆中栽植的一些观赏植物，长得很茂盛。这副对联也许是借用前人对联，即使是借用，也用得很妙。

俞老同我先祖父啸麓公，不仅是郎舅之亲，又是文学之交，都爱好文史。俞老不时来我们家，尤其是在花开季节常来赏花。（先祖父当年在宅园中种植了西府海棠、丁香、榆叶梅、碧桃、太平花、牡丹、芍药等等，花开时节五色缤纷，如霞如锦。）有时一同去北海公园等处游玩，或赏月赋诗。俞老曾送先祖父一副三尺来长的对联，字体优美而又刚劲，如铁画银钩，联句是：“观华每在景山后，玩月同来北海中。”（“景山后”指我们家，是“景山后大街 5 号”。）

俞老决不是象牙塔中的学者，他热爱祖国，关怀广大人民，在他的作品中忧国忧民的内容是不少的。他曾提出“平民诗”的主张。对于反动派则表现出强烈的憎恨。试看《古槐梦遇》第一则：

> 革命党日少，侦缉队日多，后来所有的革命党都变为侦缉队了。可是革命党的文件呢，队中人语，“于我们大有用处。”(1931 年 9 月 28 日)

这真是对于那些假革命——反革命分子的辛辣讽刺！

再看一首长诗——《续悠谬诗》：

> 多难兴邦日；清谈亡国时。庸医临险症，劣手对残棋。建业空流水，辽阳有鹤归。外交非直接，抵抗是长期。半壁莺花笑，千门骨肉悲！……自比南阳葛，人怀秦会之。民生三主义，国难一名词！已及瓜分候，还须煮豆箕！河关轻似叶，江表沸如糜！有耻添新节，无当失故卮。腹心真痼疾，手足甚疮痍。文化车装去，空城骡马嘶，沉吟无复语，重读兔爰诗。

这首诗充满了爱国热情和对于日本侵略者的痛恨，也是对于卖国者的有力鞭挞！

这一类忧国忧民的爱国诗，还有不少。而且，1947 年 2 月，俞老与朱自清、许德珩、陈寅恪等十三位教授，对北平国民党当局的大搜捕提出抗议，发表《保障人权宣言》。5 月，他又与北京大学三十一位教授联合发出《北京大学教授宣言》，支持学生运动。新中国成立后，俞老又多次以热情的诗句歌颂人民政府。

1955年的《红楼梦》大批判，对俞老的童心当然造成了创伤，他恐怕无法理解。但1956年“反右派斗争”开始后，他大约有一点理解了，当时他曾到我们家，说：“我种过牛痘了，不会出天花了！”

“文革”期间，1969年，俞老和夫人年逾古稀的高龄，被“下放”到河南息县农村安家落户，俞老仍然以赤子之心对待善良的农民，农民们也以同样的心来报答，对两位老人家非常关怀照顾，在此期间，俞老写出了不少感情真挚的诗。一年后回京，原来在农村时邻居的女儿顾兰芳来信问候两老；俞老很高兴，立即回信，并赠诗一首：

日日风寒已是春，农娃书信慰离人。
却言昨梦还相见，回首天涯感比邻！

俞老已经度过了九十年的生涯，带着不老的童心重返灵山了！（因俞老降生时有“神僧转世”的传说，虽不可信，无妨借用“灵山”二字。）他的传记和十巨册的《俞平伯全集》等书均已出版。在他的原籍浙江德清县已经建立了俞平伯纪念馆和铜像。历史是最公平的，人民对于为祖国人民作出巨大贡献的人士，是不会忘记的。让我借用香港中文大学郑子瑜教授1986年赠与俞老的诗中的二句，以慰舅公在天之灵：“十年枉被狂徒议，难损真金忽与厘！”

二、善于识别真假古文物的考古学大师——张政烺先生

张政烺先生，字苑峰。1949年我在北京大学史学系上学时，他已经是教授了。给我们讲先秦史。他对于先秦史、考古学、古文字学、古器物学都有精深的研究。对于在这些方面弄虚作假，

胡乱下结论，尤其是伪造古文物的卑劣行为，非常痛恨。由于长期的刻苦钻研，他锻炼出能认别古文物真伪的一双神目。

1951—1952 年，我们史学系一部分师生去江西省泰和县参加土改。我恰和张先生一同分在泰和县黄沙乡工作，感到张先生非常平易近人，和蔼可亲。春节前后，我们参加土改的师生都回到泰和县城，集中学习，互谈土改中的感受与收获，开展批评与自我批评，以提高思想。饭后傍晚时间，往往在县城外围散步。有一天，我们几个同学陪同张先生散步时，张先生忽然一低头，指着地上半埋土中的一块砖，说:“这块砖是汉朝的。”叫同学们挖出来，送交泰和县博物馆。这件事更使我们钦佩张先生对古文物的鉴别力。

1979 年底，我从河南焦作市调回北京，主要是因我母亲年老患病，需要照顾。当时从外省调回北京是很不容易的，张先生对我的调动大力帮助。调回后，分配在朝阳区第一教师进修学校工作，距离张先生家极近，时往拜谒，在谈话中常向张先生求教，或听张先生海阔天空谈些学术问题，感到如沐春风，获益良多，对我的教学工作大有帮助。当然也听到了张先生跟歪曲与伪造古文物者辩驳的一些事例。

例如，轰动一时的“坎曼尔诗签”在“文革”时期出现，据说是唐代回纥人坎曼尔用汉文写的。郭老曾专文介绍，认为是可以证明历史上汉、维民族友好的重要历史文物。张政烺先生当时就指出这是伪造的，仅只没有写文章批判。“诗签”是写在两张写有察合台文字文书的纸的背面，这两片纸写有“诗签”的背面据说原是粘在一起的，考古工作者揭开一看，里面两面都写的是“坎曼尔诗签”。张先生感到最可疑的是：这两张纸都是残缺不全的，其残缺的状态有如犬牙，并不能互相重合；即使勉强粘合，内侧面的“坎曼尔诗签”总要有一部分字露出来，那就理应早被发现，不可能这么迟才发现。再说，原来的编号不是一个“号”，而是两个“号”，更可判断原来根本不是粘在一起的，如果是粘在一起的，就应该只是一个“号”。再说察合台语文的流行比唐末晚四百年，“坎曼尔诗签”被粘合后过了四百年，外侧面又被写上察合台文文书，或者过了四百年才被粘合，又写上察合台文书，都不合情理。过了一段时期，一位何先生写文章揭穿这个问题，并说张政烺先生在“发现”之初即指出是伪造的。此文还说伪造者是著名考古学家L君，已去世，帮同伪造者某君已陈述了共同伪造的经过。张先生把这篇文章拿给我看了后，我即报告人民教育出版社，他们即在中学历史课本中把“坎曼尔诗签”删去了。

有一位文学家，晚年大搞金文，著了两部书，把许多古铜器、古钱大胆地判定为黄帝或颛顼等时代的。史学界无人赞同。张政烺先生很幽默地说：“如果他是对的，那么别人就都是错的！”有人建议张先生写文章批判他，张先生说：“没法子批判，因为他完全是错的！”大概因为此公的荒谬，学者们一望可知，也就不值得批判了。

80年代，有一次，陕西有一考古工作者，自称发现了带有很古的古文字的骨片，实际只是一些划擦的痕迹。他带到北京，请各位考古专家看，大事宣传，《人民日报》也在第一版为他宣传。他还准备开一次会，请各位考古学家参加，给以肯定。此公身材高大，声音洪亮，讲话时好像非常自信。张先生当面判断这不是古文字，也不肯参加此会。那人再三邀请参加，张先生说："如果我发言，对你不利！"

对于妇好墓，张先生也有看法，曾说：各种器物铭文与甲骨文中的"妇好"未必是同一人；这墓也还不能断定为"妇好墓"。

1991 年在山东邹平县发现的丁公村"陶文"，是在一片碎陶片上刻划的十一个"古文字"。张先生当即分析，这是现代人在古陶器碎片上刻划的假古文字。因为刻痕的两边颇有小裂纹，显系干了以后多年才刻划上去的；再说这一陶片是陶器接近底部的一小片，十一字竟全在其内侧面上，无一字残缺，很可疑。张先生还举出其他一些理由，判为今人伪造。

张先生学识极渊博，研究很深入，但不轻易写文章，不写没有新内容的文章。必须是自己深入钻研，搜集了大量证据资料，有新的心得体会，独到的见解，才写成文章发表。例如 1951 年发表的《古代中国的十进制氏族组织》，就是从大量史料中总结出来的，解决了古代中国社会中一个没有人探索过的重要问题。其他文章，有些考释甲骨金文中一个或几个字，有些研讨一个具体问题，但都是有创见的拓荒之作。

今春，张先生将其全部丰富藏书捐献给北京大学；建立了"张政烺文库"，这是史学界一大盛事，充分体现了张先生的伟大品格，不仅以大量珍贵图书帮助了广大史学界人士，在精神上更起到极大的鼓舞作用。

三、研究国宝、保护国宝——记明清史、古建筑学、档案学大师单士元先生

单士元先生名乾，字君实。早年著《恭王府考》开始闻名于

世。青年时代进入故宫博物院，在紫禁城中辛勤工作七十年，对于明清史、明清档案、中国档案史、中国古建筑、古文物、北京皇家宫苑都有精深的研究，被文化界称为“研究国宝的国宝”。

1998 年，单老以九旬高龄仙逝。作为他的学生，我参加了追悼会，贡献上一副挽联：

一生中致力明清遍游档海书山著作成林九州尊泰斗；

七十载献身紫阙研透奇珍国宝仪型永在四海仰风标。

单老确实当之无愧！

单老值得称颂之处很多。这里只谈其最重要的两方面：一是严肃认真的治学态度与丰硕的研究成果；二是对于祖国文物、古迹、古建筑、古文献的认真研究与努力保护。

单老一生著作达数十种，给我印象最深的几部，一部是《明代建筑大事年表》，解放前出版，精装一厚册，系从故宫档案、《明实录》和许多图书文献中，广泛搜集资料，集腋成裘，成此巨著。另一部是《明代宫殿图考》，在解放前夕已完成初稿，内容包括紫禁城宫殿及三海等处，绘有许多幅地图和详表，资料丰富，考订精详。明代皇宫和三海的建筑，与清代有很大的不同，以前认真研究的只有朱偰等极少数学者，单老的研究大大超越前人。此稿一直在不断修改增补而未出版，单老逝世后，他的乘龙快婿李燮平先生正在继续研究增订。单老还编撰了一部《清代总理衙门大臣年表》，恰好弥补了《清史稿》一大缺欠，对于中国近代史研究大有用处。此外著作甚多，不详述了。

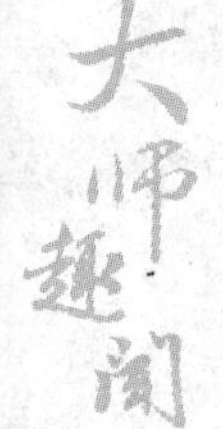

关于保护文物方面，现举以下几件事。

一是1958—1964年京西八大处灵光寺佛牙舍利塔的重建。原塔是辽道宗时所建，名“招仙塔”，也称“画像千佛塔”。1900年被八国联军所毁，僧人从塔基废虚中发现并保存了“佛牙舍利”石函。50年代中国文化界与佛教界商议重建，单老与佛学家赵朴初先生商议：南院的辽塔基虽然存在，但已残破，不坚固，在上面建塔是不行的，除非把辽塔基拆了重建，但辽塔基却是珍贵的古文物，为建新塔而拆去辽塔基是得不偿失。因此决定保留辽塔基不动，在此院另建新塔。

70年代，有一次，单老同不少位参加政协的老年知名人士去参观大钟寺（觉生寺）。当时除大钟楼一带以外，前面几重院落均为某工厂所占用，这些政协人士进去观看，劝告工厂让出，恢复大钟寺的原貌。那个厂长很不高兴地说：“你们这些棺材瓤子管这些闲事干什么！”单老虽然挨了骂，仍然继续努力，最后，那座工厂终于搬出去了，大钟寺终于恢复了当年六重院落的规模，建立了“古钟博物馆”。

洛阳白马寺的佛像大部分在“文革”中被毁。以后一些妄人把故宫外西路慈宁宫后大佛堂的十八罗汉像搬去补充。单老很不同意，说不应该搬，还说“以后要争取搬回来”。遗憾的是，直到单老仙逝，罗汉也未能回归。

有一次，故宫博物院中有一些人要把关于皇室用冰的档案完全抛弃，认为用不着保存。单老说：“《周礼》还有‘冰人’一项呢！……”才没有抛弃。

“圆明园学会”成立后，单老当然应邀参加。但有一天，单老对我说：“他们不是保护圆明园遗址，而是破坏遗址！以后我不再参加他们的会了！”我劝单老仍去参加开会，我认为单老参加了多少可以抵制一下他们的破坏；然而单老坚决不肯去开会。

有一次，单老对我说：“前些时我到天安门前，发现华表变白了，去询问时，原来他们用×酸洗过了！我细看，并用手一摸，有些部分已经掉粉末了！我批评他们，那人说：‘我们不是文物保护工作者，不用执行《文物保护法》！’”

单老这样的著名学者，一生努力保护文物，有时仍然碰壁，人微言轻的小人物更不必说了！中国文物的前途将会怎样呢？！单老能够瞑目吗？

四、整编国际关系资料的专家——陈尺楼先生

陈尺楼先生是我的表姨父。解放前曾在北京太庙图书馆工作。身材瘦高，面容清瘦，戴眼镜，两目炯炯有神。解放以后，长期在国际关系研究所工作，直到90年代前期，年已九十余岁，仍在家中为研究所工作，虽然双耳全聋，但头脑很清楚。他一生主要从事国际问题的资料与索引编辑工作，编了很多种书。其中一种是中国对外条约的全部索引，详记中国自与西洋各国接触以来所订的一切对外条约，每一条约详记其出处，即从什么书籍、文献或刊物中的哪一页，可以查到其全文。

陈尺楼先生还作了一种附带的工作，即搜集国际知名人士的业余爱好。周恩来总理在世时，每遇某国某贵宾来华，周总理即派员向尺楼先生询问，这位外国客人的业余爱好是什么？根据他提供的信息，购买适当的礼品。例如贵宾如爱好集邮，即购买大量的精美珍贵邮票奉赠；如客人喜爱湘绣、瓷器、漆器、玉器、绘画或其他物品，也都投其所好，购买精品奉赠。因此，贵宾往

往异常欣喜，而且惊讶于周总理为什么“先得我心”！周总理逝世以后，中央领导同志在考虑给贵宾送礼时，就不再咨询尺楼先生，只是随意买些贵重礼品奉赠而已。

尺楼先生默默无闻地辛勤工作几十年，为我国外交事业编著了大量的资料和索引，极大地支持了我国的外交工作！

五、长征千万里、神笔绘河山——记河南名画家谢瑞阶先生

在人民大会堂的一座大厅内，墙上有一巨幅的黄河画，画面的中央偏左处耸立着一座挺拔的高峰，黄河从远处蜿蜒而来，波涛汹涌，真有“黄河之水天上来”的宏伟气势。这是70年代后期河南著名老画家谢瑞阶先生的杰作！

谢老是著名的画家、书法家、艺术教育家。解放前，早年学习西画，有深厚的功底，这在现存的几幅早期油画作品和一些速写中可以看出。稍后他又自学国画，继承了中国传统绘画的精华，并创造性地吸收了西洋画的技法，经过长期的探索实践，形成了自己独特的风格。他擅长山水，兼作人物、花卉。所写章草，古朴圆润，亦为书法界所推重。

全国大陆解放时，谢老已成为享有盛誉的名画家。他不断随着时代前进，从内心深处拥护中国共产党和人民政府，热爱社会主义祖国，精读马列主义理论，而且加入了中国共产党。在绘画方面继续精益求精；在美术教育方面努力培养青年一代，诲人不倦，桃李遍天下。

谢老在研究绘画理论方面也很有建树。他精研并发展了中国古代画家的绘画理论，如谢赫的《六法》等。他也写了不少关于绘画理论的文章。例如，他曾论述绘山水画要“知天知地”。“知

天”就是注意表现朝暮、四季、阴晴、风云雨雪等。“知地”，则是观察分析各地不同的山川形势、地质、地貌、岩石、土壤等，并且分析中国历代各位画家画山水的笔法是从哪种地貌、地质、岩石来的。他的女公子谢焉女士继承父业，也成为出色的女画家，而且长期在地质局工作，把地质学、地貌学、岩石学的知识与绘山水画技法相融合，帮助父亲共同研究创造了“知地”的理论。

谢老也是一位肯于助人为乐的人，经常在政治上、经济上帮助同志们。

谢老并不满足于已有的成绩，决心在绘画方面再创建一系列丰碑。1955 年，恰值三门峡水电站工程在建设，他决心系统地画三门峡，他亲自在三门峡工地观察，画了多幅写生草稿，一幅幅渲染成图，最后出版了一册彩色版的《三门峡写生集》，既描绘三门峡的险要形势，又描绘在中国共产党领导下，人民改造三门峡、建设水电站的伟大工程，对于人门、鬼门、神门的不同形势都有专幅特写，也有个别画幅描绘一些颇有情趣的小景色，——如《三门红树》等。

在大画三门峡之后，谢老决定再向前进，扩大战果，全面描绘万里黄河，既描绘这条作为中华文化摇篮的伟大河流的雄伟气象，更描绘中华儿女在党领导下，战天斗地、改造自然、改造黄河的辉煌成就。这个主题选得真妙！他不顾自己年老，竟然多次到黄河沿岸各地深入生活，搜集素材。东到黄河下游，直至山东省黄河入海口，画出了《黄河入海流》等画稿。西探黄河中上游的青铜峡、刘家峡等许多伟大水电、水利工程和壮丽的山川景点，不辞劳苦，跋涉山川，万里长征。为弄清水利工程的情况，他反复请教专家和工人。为了掌握黄河水的特点，他站在河边上，一连几小时地仔细观察，并作了大量速写。这种严肃认真的创作精神，真令人钦敬！1963年，他描绘了一幅《黄河源》。像这样长途跋涉全面描绘九曲黄河的画家，在中国绘画史上还是第一位。他当然不是为了个人名利，因为他早已功成名就了。他是要为中华民族再建一座艺术宝库，大力推进祖国绘画艺术的发展，并以此鼓励中华儿女、炎黄子孙奋勇向前开拓万里宏图的雄心壮志！

正当谢老逐步完成他的壮丽非凡的黄河组画的时节，1966年，惊心动魄的文化大革命爆发了！河南另一老画家为了保自己，竟然伙同“造反派”、“红卫兵”等把谢老揪出来批斗，诬他为“反动画家”。有一次批斗会上，“造反派”诬他有种种野心，质问他想当什么官，想要什么，谢老说：“我什么都不要，只要社会主义！”这句铿锵作金石声的语言以后传为佳话。谢老当年真是九死一生，好不容易，居然熬过了多次批斗，最后得到了平反，然而他的全部作品和万里奔波辛勤积累的许多手稿资料，已被洗劫一空！伟大的黄河组画无法完成了！谢老此时的年龄和体力已经不可能再进行沿黄河的万里长征了！党组织也深为惋惜！只好派一些同志尽力搜集以前已经刊印于各种书报杂志中的谢老的画，以及别人拍摄的黄河各处的照片或画的画，供谢老参照作画，以求弥补于万一！实际此事已成为无法补救的千古遗憾了！

但是，谢老并不气馁，从1972年起，重挥神笔，再绘祖国大好山河。1973年，谢老偕夫人同游东南，到达黄山、南京、无锡、太湖、杭州西湖等地，遍览江山胜境，又创作了许多幅画，尤其在黄山作画最多，绘成了“百步云梯”、“到此身在云上峰”、“黄山云海”、“黄山北海”、“龙蟠望天都”、“云吞始信峰”、“黄山烟雨”等许多幅精品。当时我曾写一首“诗”赠与谢老：

画圣游黄山

万笏千峰带笑颜，欢迎画圣访黄山。

凌云玉柱弓身拜；（指黄山玉柱峰）

观海石猴合掌参；（指黄山“石猴观海”）

迎客古松轻展臂；（指黄山“迎客松”）

生花巨笔笑开言（指黄山“梦笔生花”）：

“先生若用吾为笔，万里晴空作画笺。”

稍后，谢老又重新描绘了黄河、壶口瀑布、龙门、中流砥柱、北戴河等处。他的奇才妙笔毕竟得到了党和人民政府的重视，中央首长请他在人民大会堂一座大厅内画一巨幅黄河壁画，就是本文开头时所说的那一幅。在作画时，架梯登桌，非常艰难，他的一位女弟子和一位外孙女曾帮助画了一部分。现在在电视新闻中还不时可以见到此画，它正在继续迎接各国贵宾。1981 年，河南省文联和美协与河南书法协会共同举办了《谢瑞阶书画展览》。展出他的书画精品一百几十幅，假如不遭遇十年浩劫当然会保存有更多的精品！

谢老在中年以后，一目视力减弱，后几十年竟是以一目的视力完成许多杰作的！他已于 90 年代仙逝，在最后两三年中已双目失明！但他的大量精彩作品与绘画理伦，在中国绘画史上留下了雄奇魂丽的一章！当我们回忆谢老光辉而又坎坷的一生时，真是百感交集！

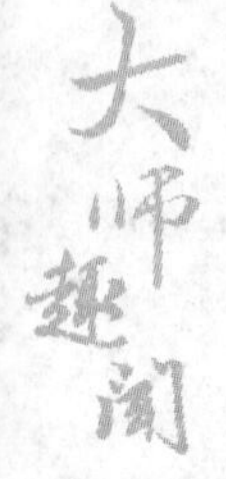

六、词坛耆宿、三海诗仙——黄畬先生

黄畬先生，字经笙，台湾省淡水县人。是先祖父啸麓公的高足弟子。自幼好学，尤善诗词。约二十岁时毕业于北京国学书院。入北京古学院（在北海团城）为研究员。解放后，曾任电力学校教师、崇文区教师进修学校教师等职务。现为中央文史研究馆馆员、台湾民主自治同盟盟员，已87岁高龄。

黄老精研古典诗词数十年，才华出众，著作等身。已出版有《全唐五代词》、《阳春集校注》、《金元明清词选注》、《金元明清词鉴赏词典》、《清词选注》、《历代词萃》、《欧阳修词笺注》、《山中白云词笺》、《秦观词集注》、《石湖词笺注》、《朱淑真词笺注》等。（其中一部分系与其他学者合著。）已成书而尚未付印者，有《纫兰簃诗词文稿》、《纫兰簃随笔》、《左传选讲》、《花外集校注》、《千家诗笺注》、《历代民间诗歌选》等。所作诗词发表于各种刊物中者颇多。其诗词文采焕发，富于爱国思想，有金锵玉振之音。其校勘注释，治学严谨，考订精详，并为世所重。

现引其诗词各一首：

咏西郊卧佛寺卧佛

疲矣津梁息此身，横陈一卧近千春。
神州景象非畴昔，唤起来看日月新。

西江月（1991）

革命武昌炮响，八方起义相从。驱除鞑虏首孙公，顿使清廷摇动。　五色旗飘云外，一声雷震寰中。推翻帝制若论功，汤武焉能与共？

黄老还有一部特殊的著作——《三海全咏》，1941年二十八岁时完成初稿。此书系对北京北海公园和中南海中每一处古迹景点，各赋诗一二首，并旁征博引，详加介绍考订。多年来仅有一部手稿，黄老不断增补，贴上不少浮签，但一直未能出版。其中诗篇颇多佳作，如南海的“俯清泚亭”：

闲坐春风湖上亭，垂杨万缕碧无情。
萍衢界水明于镜，时见游鱼逐队行。

1958年，黄老曾献此书稿于周恩来总理，总理很欣赏他的才学，便留他在北京工作（当时本可能调往外地）。1972年，黄老又托人献此稿于毛主席，毛主席也很欣赏，置之寝室，随时浏览，但未给他出版。1976年10月上旬，毛主席逝世。黄老此稿无副本，很着急，急忙托请李淑一女士（柳直荀烈士的夫人）转请王海容同志帮助寻找。王海容说：“主席逝世后，一切遗物都在江青手中，江青这人很不好说话，不好找了。”粉碎“四人帮”之后，黄老又上书于胡耀邦、胡乔木两位同志，请代为寻觅此稿。竟于中南海内毛主席居室中找到，乃依原型制一复制品，陈列于原处，以示其为毛主席常阅图书之一。并派二位同志于1977年2月将原稿送还黄老，并附一画，云：“黄畬同志：你今年二月给胡耀邦、胡乔木同志的信，耀邦、乔木同志已批阅。你所作《三海全咏》稿，已在毛主席原住地找到，现送还你，请收。此致敬礼　　中央办公厅秘书局。”

由于中央首长的关心，此稿竟得珠还合浦，真是北京文化界的大幸！

此书原稿是线装一厚册，封面有傅岳棻先生题署书名。扉页有中央文史研究馆馆员薛肇基先生所撰序言。次为文化界各位学者的题诗，尚秉和先生题诗中有云："故实《三都》媲，瑶章万首传！"比之于西晋左思的《三都赋》。

此书以地为经纬，以诗为纲；三海的每一处殿阁楼台、桥榭亭坊、庙宇碑碣、古树奇石、珍贵文物，一一井然排列。每处赋诗一二首；前有小序，略作简明介绍；诗后附以大量资料，均注明出处，征引繁富，考证翔实，实为此书的主体。全书最后有"附录"，原不甚多，此次珠还之后，黄老又大力增订，"附录"增加到约当全书的1/3，共五部分：①《三海殿宇匾额楹联集锦》；②《三海石刊汇志》；③《三海旧闻丛载》；④《三海稽古摘录》；⑤《三海文献汇编》。凡有关三海的资料，不能列入某处者，均归入附录。并上溯三海八百余年的历史，考察其兴衰演变之迹。

此次增订，广采辽、金、元、明、清、民国时期图书，旁及朝鲜人著作，以至当代人士的著作，且一一详加考核，去伪存真。

近几年，黄老又著一部《中山公园全咏》，体裁与《三海全咏》相同，拟合为一书，将由燕山出版社为之出版。拟名为《三海中山公园吟赏大观》。黄老之弟黄正襄先生（名画家）绘一幅彩色的《中山公园唐花坞图》；黄老之侄黄钧先生（名画家）绘一幅《三海行吟图》，画黄老青年时，立于北海东南岸，遥望白塔山正在吟诗的情景；这两幅名家作品，都赠与黄老，刊入本书的前页，更使本书增色！

阅者浏览此书，宛如神游三海、稷园，寻幽探胜，纵观千古沧桑，琳琅满目，趣味无穷！不仅为文学之巨著，掌故之渊薮，导游之佳作，更可供学术界研究北京史地之参考。

七、兼事史学研究与古籍整理点校出版工作的专家——赵守俨先生

赵守俨先生是隋唐史专家，在中华书局主持古籍的整理、点校、编辑出版工作数十年。是我的表姨父，住宅离我家不远，我时常向他请教。他于1994年春季离我们而去了。还不到七十岁！但是，他的音容笑貌，他的认真朴实、刻苦钻研的治学精神，他在史学方面的犀利的观点，他在教导后学方面循循善绣、诲人不倦的态度，都给我留下了极深刻的印象。

赵老全家都是学术界的杰出人物。他的伯祖父赵尔巽（次珊）老先生曾领修《清史稿》。他的夫人王蓁女士（我的表姨）是一位出色的翻译家，曾译过不少有价值的书，最重要者，如容闳著的《我在美国和中国的生活经历》，英国马丽·沃斯通克拉夫特女士所著的《女权辩护》（1996年在北京举行世界妇女大会时，曾将此译本分赠与各国妇女代表）；她又是山水画家，曾学于国画家徐北汀。公子赵珩先生现任燕山出版社总编辑（详后）。赵珩夫人吴丽娱女士，曾任英语教师多年，80年代调入中国社会科学院古代史研究所研究隋唐五代史。赵守俨先生仙逝后，赵珩先生伉俪接受中华书局的请求，整理编辑了一部《赵守俨文存》。

《文存》中包含赵老的著作五十六篇。可能有些同志会想，赵老应该有更多的著作。这个问题我们可以从两方面回答。第一，赵老一生大部分时间与精力用于古籍整理点校编辑出版工作，为中华书局校注编辑出版了“二十四史”、《清史稿》以及很多的古籍，往往是他亲自借调或邀请各单位的专家来参加，并制订凡例，

研究有关问题，审阅稿件，做了大量的艰辛工作。同时也出版了许多近现代学者研究中国文史的著作。总之，他为广大的史学工作者提供了大量的图书资料，铺设了登山的道路，使他们能够较顺利地登上一座又一座学术的高峰！这种甘当人梯与红烛的精神是多么可贵啊！

赵老撰文不很多的另一原因是，他从不轻易动笔写文章。他对我也曾说过，要搞“实的”，不要搞“虚的”，“如果写一篇文章，没有给学术界提供任何的东西，没有解决任何问题，就不如不写”。他自己一生是这样做的，即坚持少而精的原则，必须是自己经过刻苦研究，确有新收获、新发现或新的心得体会，并反复考虑，准确无误，方才动笔。他从不对大题目作空论，而宁愿对一些具体问题，作认真细致的考证。即使是论述的文章，如《略论唐代科举制度的历史作用》、《关于评价武则天的几个问题》等，也都是旁征博引，使用许多资料，考证与分析相结合，因此他的结论是建筑在丰富史料的基础上的，很令人信服。

《文存》中有二十几篇文章，是论述古籍整理、点校、编辑出版与史料的搜集整理等。合在一起看，可以视为关于这方面的一部教科书，对于中青年工作者起到“仙人指路”的作用，又含有这方面工作成绩的总结。其中有些文章，如《风风雨雨二十年》、《校史杂忆》等，则是回忆这些工作中的辛酸苦辣。例如“二十四史”的整理点校出版工作，就经历了一个曲折坎坷的过程，甚至时干时停，中间还不断经受“四人帮”和极“左”思潮的干扰，真令人啼笑皆非，例如有人竟提出标点应体现“阶级观点”，不同意者也不敢公然反对，最后周总理询问点校“二十四史”工作时，赵老在谈话中涉及这个问题。总理说："不要搞这个了吧，标点只能反映原文的意思，怎么能体现点校者的阶级观点！"不仅此也，由于极"左"思想的干扰，写成的"点校说明"中往往有过"左"的词句。又因而引起台湾地区与日本方面的攻击，他们抓住"出版说明"中的某些话语，硬说我们"窜改历史"。赵老为此不得不写一篇《整理二十四史的体会》，以编辑部名义发表，实际是针对他们的攻击的解释。这些文章可以使我们了解赵老是怎样克服重重困难，领导许多专家完成这些艰巨而光荣的任务的。

我到赵老家中谈话时，如在春风化雨之中，受到赵老关于学史的各方面的指导与教诲。他给我解决不少具体问题，他指导我首先要买哪些重要古籍，还帮我购买一些书籍，也送给我不少他参加编著点校的书。对我的文稿给以耐心的指正。他也对我谈过选题与选择主攻方向的问题。他在"文革"中特别提醒我："凡是很多人都参加讨论的问题，决不要去碰，你以为是学术问题，其实指不定是什么问题呢！"赵老还对我讲了不少位历史学家治学的特点、优缺点，等于告诉我：哪些该学，哪些不该学。我只是他教导的后学之一，他所指导帮助的人当然很多。

赵老走得太早了！但他的未竟之功大部分由他的哲嗣赵珩先生和夫人吴丽娱女士继承了。赵珩先生年轻时继承家学，主攻文史，读书甚多，在古汉语和文史方面打下了坚实基础。他一度学医，从事医务工作十年。1985年调入北京燕山出版社，由编辑渐升至编辑室主任、总编辑。

赵珩先生业余从事集邮，成为一位海内外知名的集邮家，特别重点搜集世界各国的动物邮票。他曾参与编辑了《中国邮票全集》，参与编著了《中国集邮大辞曲》、《中国集邮史》等。

赵守俨先生在《漫谈北京史料的搜集整理》一文中，提出了一系列很有见地的主张，如“抢救记忆中的资料”；“选印大型史料丛书”，其中更要多收入一批稿本和稀见书；“广泛辑录文献资料”，包括编《北京金石萃编》和《北京金石目录》，“辑印旧地图集和照片集”等。这些建议非常重要，不仅适用于北京，也适用于全国，如果全国文化界、出版界能照此实行，则对于保存史料文物与推进文史研究会起到很大作用。

事实上，赵老的主张大部分已在逐步实现。其中有不少正是在赵珩先生主持领导下进行的。他们主编的《燕都》杂志，就刊出了不少人依据亲见亲闻、个人记忆写成的好文章。有关北京史地、人物、文物、风土等各方面的图书，也在大量出版，其中燕山出版社出版的占相当大的一部分。出版有关北京的图书原是燕山出版社的主要任务之一，赵珩先生对于北京的史地、文化，非常热爱，非常精熟，因此在出版有关北京的图书方面，大多由他主持。这方面成绩斐然，如《北京旧闻丛书》与《图说北京史》等的出版，赵珩先生起了重大作用。

赵珩先生还参与编辑了一系列巨著，如《宋词鉴赏词典》、《京剧史照》、《中国寺庙大观》等。还参加编写了《唐诗分科大辞典》、《中外文化大辞典》、《中外文化典籍指要》等，都很有价值。他还写有《老饕漫笔》一书，不仅谈饮食文化，而且包罗万象，像一个精美的十锦拼盘。此外，他还写有《阅尽沧桑话昆腔》、《收藏琐谈》、《京韵大鼓与清音子弟书》、《梁辰鱼和他的〈浣沙记〉》等不少颇有影响的文章。他性格活泼，兴趣广泛，对于编辑出版事业、医学、集邮、京剧与戏剧史、曲艺、收藏鉴赏、北京文化史、中国文化史、饮食文化、社会风俗等许多方面，都有研究。真是一位多面手、“八臂哪吒”。

至于赵老的隋唐五代史研究，则由吴丽娱女士继承了，她参加编撰了《隋唐五代社会生活史》，还先后发表了有关隋唐五代史的几十篇论文，水平很高，深得史学界的好评。

赵珩先生和吴女士正在继续攀登更高的高峰，正在继续创造更多的成果，让我们拭目以观之。

人间怪杰
——记聂绀弩先生

林东海

一、加注错解诗

“平生自省无他短，短在庸凡老始知。”

“壮不如人空老大，死能得所定燃烧。”

编辑室同仁读了绀翁《八十虚度二首》（1982年4月7日《人民日报》），对这两首赞不绝口，诗语是再平实不过了，然而诗意却极其曲折，令人回味无穷。

绀翁曾任人民文学出版社副总编兼古典文学编辑部主任，“文革”后落实政策，其组织关系依然在古典文学编辑室，也可以说是我的同仁。在他回京之前，我就听到不少有关绀翁的轶事，知道他不拘小节，有“大自由主义者”之称，但工作却大有成效，在他抓古典部工作期间，编辑出版了大量好书，在出版界学术界有很大影响。他真是无为而无不为。以上所举二联自寿诗，是自信抑或谦虚？是自大抑或自卑？只有深切了解其坎坷经历的人，才能从他奇特的个性中，品味到诗中的真趣。

看到人文社古典部之衰落委顿，我由心底里钦佩这位老前辈的敬业精神和工作成就。一位同仁相告，绀翁在政治上对我很关心，也很肯定。这使我更加感激不已，很想去拜访这位我所敬重的老人。就在他八十华诞时，1983 年 2 月 9 日，我和编辑同仁到绀翁寓所，去祝寿兼拜年。车开到垂杨柳北劲松十一楼，就是他诗中所说的“居家不在垂杨柳，暮色苍茫立劲松”。进入寓所，在简陋的二居室中，绀翁躺在东房东墙的小床上，当周婆（颖）带我们进屋时，他只是眼睛一亮，并不起身，也不能起身。他患的是“废退性肌腱萎缩症”，两腿唯剩皮骨，上身也瘦如干柴。我们向他祝寿拜年，他微微一笑，露出欣慰的神情。我们背诵赞赏他那两首《八十虚度》诗，他很高兴。我接着问“窗外青天两线交”作何解释，是否从“一线天”化来的，他点了点头，眼睛转向窗外的高楼。原来他把高楼当高山。山有“一线天”，而楼有十字路，故云“两线交”。

他瞧了我许久，突然说：“你的书我读不懂。”说着伸手从枕头边摸出拙作《诗法举隅》，翻了翻这本小册子，接着说：“你说的诗法，我不懂。我还写点诗，都不懂，别人懂吗？”我听了有点蒙，一时不明白他的真正意思，所以不知该怎样回答，只是笑了笑，想听他说点具体意见。他却把眼睛一闭，什么也不说了。等他张开眼睛，话题又转到别处去了。我们告辞绀翁，下楼时，有同仁对我说：“聂老真怪，说读不懂你的书，可他就放在枕边，而且书已翻旧了，看来还是很注意这本《诗法举隅》的。”这当然是对我的安慰，但说绀翁注意我的小册子却也没错。然而我总以为绀翁对诗法一定别有看法，只是不想当面与我争辩，不像朱东

润师在小册子的《序》中直说“情之所至即诗之所至，诗而至此，不可与言法，亦不宜于言法”。后来我读方管同仁的文章，说绀翁深通旧诗格律，但却反对写得太正统，而注重于感情的表达。(《关于聂绀弩的北荒草》）我这才明白绀翁把情感放在第一位，而把技巧手法放到次要的位置上，与东润师持论的角度是一致的。

正是居于对诗的这种注重本质的认识，所以绀翁反对注诗。朱正主动要注绀翁的诗，他并不太赞同。朱正注稿交给人文社，诗歌组要我帮忙终审（该组旧体诗词多推给我审读），为此，我找过绀翁，想听听他的意见。他说：“诗不能注，一注就错。”我说：“这固然是，历来解诗多所歪曲，即所谓‘作者之用心未必然，读者之用心未必不然’；但是有些典故注一下，还是有助于读者的理解的。”说到典故，好像触动了他的什么神经，颇不以为然地说：“典故，我懂得什么典故！我是个小学生，读过几本书，知道什么典故！如果说有典故，也是从《三字经》、《千字文》、《封神》、《水浒》中来的，那还用得着注！”他的这些意见，在朱注《散宜生诗》的后记中正式作了说明，并指出作注“不是我或出版社请他，而是他自告奋勇的。用个典故：毛遂自荐”。

二、得益阿Q气

绀翁一生胸襟豁达，岂止名利不挂于心中，连生死也置之于度外，但他又十分执著，尤其是写作，不仅认真，而且积极。晚年瘫卧小床，仍然坚持写作，孜孜不倦。他的这种态度，这种毅力，令人钦敬，令人叹服。

1983年10月，中华书局《文史知识》来电，要我代该刊约绀翁写一篇文章，题目由他自己定。我即遵嘱向绀翁转达中华书局约稿之意。他当时虽未立即答应下来，但心下却接受了。10月16日即来信云："拟写一篇《漫谈三国演义》，可如期交稿。生病则说不了。"经三四天艰苦奋斗，终于写完了该题。他躺在床上，写封信都困难，何况是几千字的文章，然而他果然如期完稿。10月20日来信说："《且说三国演义》稿就。因改来改去，致成孤本，深恐失去。想复印一份，不知你处可复印否？（总以在你手完成为要）否则，我找人印好后送上。此稿写得很苦，所谈似无人谈过，务须有一份在手始放心也。最好是中华书局已不要此稿或不合用，不知前途如何。我又不能直接找他（已忘其名），所以很窘。"因为"写得很苦"，又是"似无人谈过"，所以对该文特别珍惜，务须有副本在手始放心。其态度之认真，端的可"怕"。我复信答应可以复印，但他还是不很放心，特意请周姑娘（健强）抄写。11月15日又写一信让周健强捎来，信中说："拙作《且说三国演义》一篇，约五千字，正抄写中，二十（日）以前可寄奉，听候处理。倘不合用，原稿退还，能提意见更佳！不要勉强用。不合用者与中华所需处不合身，作为一小文，他处可发表。决不埋怨。"后果如期托周健强送来，我立即寄中华书局，并转达绀翁的意思。他写文章，不轻易写，写必自抒己见，因而格外自珍。对于学术的态度，能如此认真者，其在今日，尤不多见。

有一次，我到劲松看绀翁，坐到他的床边，看着他闭目养神，似乎打了个盹儿，睁开眼瞧了瞧我，眼皮又耷拉下来，这不是打盹，而是在思考什么。我问："论贾宝玉写得怎么样？"他突然睁大双眼，像生气似地吼了一声："不是告诉你写不下去了吗！你看看。"说着就伸手在枕头下乱摸，想拿出那写了一半的稿子给我看；

枕头下没有，又到屁股下摸。要知道，他的下半身已经动弹不得，在屁股下摸东西是很难的。他着急地费劲地摸，汗珠从头上冒了出来。我忙说："别找了，我知道写不下去了。"此前我曾问过他写什么，他说在写关于贾宝玉的研究文章，不好写，写了一半搁下了。看来真是写不下去了。那几张稿子终于从屁股下摸出来了。他松了一口气，比丢了宝贝又找回来还要高兴。我翻了翻，没细看，歪歪斜斜的字也看不清楚。我说："《红楼梦》不好搞。我编过《红楼梦》研究资料，但文章一篇也没写。'红学'像歧路亡羊，不知该往哪条路去找。以至于各走各的。"他点了点头。稿子找着了，话也就多起来了："在山西牢房里，有一位同号姓包，跟我说，他不喜欢鲁迅。问他什么原因，他说鲁迅全盘否定阿 Q，人没点阿 Q 气，怎么能活呢？他就是靠阿 Q 精神活下来的。他七十岁瘐死狱中，看来阿 Q 气还不够足。我挺过来了，而且活得比他长，阿 Q 气胜过他。看来，人真需要点阿 Q 精神。"说完，笑了笑。我这才明白刚才找稿子为什么急得那样，原来他把做学问当作精神寄托，用阿 Q 精神去做学问，在做学问中寻找精神安慰。他说阿 Q 气是同号包于轨的"救心丹"，其实这阿 Q 精神同样是他的"救心丹"。当然，他后来写《散宜生诗》后记时，有较全面而庄重的说法，指出："阿 Q 气是奴性的变种，不是好东西。"可当人们仍然把希望寄托在主子（好皇帝或清官）的时候，这奴性可能会成为国民性，而绀翁所说的阿 Q 气，却有别于这种奴性，是排斥奴性的一种自主自立自足的精神。

三、绝笔留祭诗

1985 年冬，为古编室事，我要去劲松找绀翁。陈早春说要同我一起去，想请聂老写一篇纪念冯雪峰的文章或诗歌。转年春是冯雪峰逝世十周年，现代文学界正组织一个纪念冯雪峰的学术讨论会，并出版会刊，聂老与雪峰是故交又是同事，纪念集不可缺少他的诗文。

到了劲松，我把古编室要咨询的事先问过了，便由早春向绀翁当面约稿。早春把雪峰逝世十周年纪念活动的设想和计划详细地介绍一通。介绍过程中，绀翁目不转睛地注视早春，并侧耳谛听，真恨不得把“三耳”都竖起来。大约介绍了十来分钟，绀翁始终只有一种姿势，我未曾见过他如此认真地听人说话。早春说完，他似乎还想听下去，过了一会儿，才回过神来，目光投向我，露出茫然的神态：“他说什么？我一句也没听懂！”我们三人几乎同时笑了起来。早春跟我说过，小时得过病，吃药吃坏了，有些后遗症，舌头活动不自如，初听他说话的人多有听不明白者，何况绀翁为湖北京山人，早春为湖南隆回人，两湖之间口音也有些隔阂，难怪聂老那么认真听还是没有听明白。我虽语带八闽乡音，因与绀翁接触谈话多了些，所以并无语言口音障碍，于是便将早春介绍内容扼要复述一过。这回绀翁明白了，却突然冒出一句：“我不认识冯雪峰，写什么？怎么写？”我说：“你们是老同事老朋友，总有话可说，写文章也行，写诗也行。要方便一些就写一首诗吧！”他不说话了，略有所思，似乎开始构思起来了。我们见他不再说话，也就告辞了。

回社途中，我一直回味他那句“不认识冯雪峰”的话，不知是何意思，因对如烟往常知之甚少，始终没弄清楚其真正含义。然而我确信他会写诗；写文，有说不清的事，举笔也困难，而诗可以隐秀，可以表之以情，况且他已写过多首赠雪峰的诗，如《雪峰南寻洪杨遗迹》（四首）、《雪峰六十》（四首）等，“荒原霭霭雪霜中，每与人谈冯雪峰”，“桃花红矣同春色，空谷跫然互足音”之句，都反映出他们的关系不同一般，写诗祭雪峰，应是情理之中的事。

果然，11 月 10 日，周健强遵绀翁之嘱将两首祭雪峰的绝句送到我办公室。我说这是陈早春约的稿。健强说：“让你转。”我也就收下来，打开看，是周健强抄的笔迹，题曰《雪峰十年忌》，诗云：

其一

月白风清身酒店，山遥路远手仇头。
识知这个雪峰后，人不言愁我自愁。

其二

干校曾经天地秋，脱离干校病添愁。
相逢地下章夫子，知尔乾坤第几头。

据周健强在《聂绀弩传》所说，当绀翁解释其二首联初稿“干校曾使天地秋，脱离干校鬼神愁”时，“他忽然顿住，四处找圆珠笔。说：‘这两句要改。’”首句“曾使”改为“曾经”，使平仄谐协，意亦较胜；次句“鬼神愁”改为“病添愁”，化奇险为平实，可少去许多误解。我接诗稿后，当日即转交陈早春，由他去安排。

这两首绀翁的绝笔诗，就是这样作出来留下的，所叙约稿细节，可以补《聂绀弩传》之缺，为周姑娘附一笔。

章士钊一生“三指要”

卞孝萱

章士钊先生字行严，笔名十余个（以青桐、秋桐、孤桐三个笔名最著），湖南长沙人。生于1881年3月20日，卒于1973年7月1日。一生从事政治活动与学术研究，有专著二十余部，论文数百篇，诗词近五千首。这篇小文重点介绍章老“三指要”。

《逻辑指要》

1907年，章老始治逻辑于苏格兰大学。章老晚年回忆：“就级之明日，有老儒至僦舍见访。接之，赫然斯学教授戴蔚孙博士Prof.Davidsen也。博士弘识冲怀，锐意奖借。余得自意外，踊跃奋进。自是践履逻辑途径，步步深入，兴会亦相缘而高。”[1]

西方Logic，我国原译为“名学”或“辩学”，日本人译为“论理学”。章老认为：“论理二字，义既泛浮，词复暧昧，无足道也。”名学或辩学，“亦俱不叶”，“皆不可用”。[2] 章老从佛经翻译得到启发。1910年，章老在梁启超办的《国风报》上发表《论翻译名义》一文，主张Logic直接音译为“逻辑”。其后，又在他自己办的《甲寅》刊物上阐述过这个意见。这一译名经过学术界的讨论和时间的考验，终于成为学者公认之名，至今沿用不废。

1918 年，章老开始在北京大学讲授逻辑学。1930 年，在东北大学讲授名理，“以墨辩与逻辑杂为之”[③]。1938 年，章老旅居香港，撰写《逻辑指要》。后在重庆出版。1959 年，生活·读书·新知三联书店有出版“逻辑丛刊”之举，章老将旧著“躬自校勘一遍”。“全稿计削去不合时宜者大约二十分之一。增补者略多一点，都只限古籍应用例子而已。”[④] 1961 年，新版《逻辑指要》发行。

章老指出：“寻逻辑之名，起于欧洲，而逻辑之理，存乎天壤。其谓欧洲有逻辑，中国无逻辑者，謷言也。其谓人不重逻辑之名，而即未解逻辑之理者，尤妄说也。且欧洲逻辑外籀部分，自亚里士多德以至 17 世纪，沉滞不进；内籀则雅理诸贤，未或道及。自培根著《新具经》，此一部分，始渐开发，逻辑以有今日之仪容。若吾之周秦名理，以墨辩言，即是内外双举，从不执一以遗其二。惜后叶赓绍无人，遂尔堙塞到今。”章老宣称：“吾曩有志以欧洲逻辑为经，本邦名理为纬，密密比排，蔚成一学，为此科开一生面。”[⑤]《逻辑指要》的最大特色就是章老所自述的：“为国人讲逻辑，仅执翻译之劳，岂云称职！本编首以墨辩杂治之，例为此土所有者咸先焉。此学谊当融贯中西，特树一帜。愿为嚆矢，以待有志之士。”[⑥]

柳宗元《辩鬼谷子》云：“元冀好读古书，然甚贤《鬼谷子》，为其《指要》几千言。”章老“指要”取意于此。

《逻辑指要》第一章《定名》附录章用《名理探考》一文。在 1961 年新版中，章老写了一段话：“按：章用留学德国十年，深通数理，于哲学造诣非浅。归国后历充山东及浙江两大学教授。亡年仅二十八岁。遗著及藏书多种，都献于浙大保存。千九百三十八年，用留港就医，余命其校阅本稿，乃草《名理探考》一短篇呈览，并称漏略甚多，求勿附厕篇末。余重版仍不忍弃置，慨叹久之。千九百五十九年五月，作者补记，在北京。”

章老晚年和我谈到他儿子章用时都是一再叹息。

《柳文指要》

章老自述其研究柳宗元文的经过：“余少时爱好柳文，而并无师承，止于随意阅读，稍长，担簦受学于外，亦即挈柳集自随，逮入仕亦如之，此集随余流转，前后亘六七十年。”⑦“忆余初知柳文，年始十三，所得为一湖南永州刻本，纸质极劣，而错字反较少。辛丑冬（光绪二十七年），余馆紫江朱氏，以此本教其长女湘筠，解馆未携走……越二十八年戊辰（民国十七年），余与朱氏俱寓天津……其女捧书交还……持归后一直相随至今，其眉朱墨填委，批抹至不堪辨认。”⑧章老为何如此“爱好”柳文呢？最好用章老自己的话来说明。章老说：“尝读柳子厚《梓人传》，审其有以通逻辑之郵。”⑨又说：“（《说车》）文中举出两个例子：一遇阳虎曰诺，一叱齐侯类蓄狗。之两例者，高低有天与渊之别，而子厚将之纳入同一范畴之内曰圆……自有柳文一千余年，吾迄未见有人解得作者善用二律悖反之矛盾通象，督责其至亲密友之杨诲之。”⑩作为逻辑学家的章老，爱好合乎逻辑的柳文，是必然的。

1949年以后，章老在北京编写《柳文指要》，分为上下两部。上部依照柳宗元集原文编次，逐篇加以探讨，包括评论、考证、校笺等，称为《体要之部》，“体要者，谓柳集本体所有事，必须交代清楚也”。下部按专题分类论述有关柳宗元和柳文的各种问题，如政治、文学、儒佛、韩柳关系等，称为《通要之部》——“通要者，谓各即品目而观其通，得所会归也。”[11] 上部成于 1964 年，下部成于 1971 年。由中华书局出版。

《柳文指要》是章老长期研究柳宗元和柳文的硕果，这部巨著不是这篇小文所能完全介绍出来的，只不过举一些突出的例子。

（一）章老在《柳文指要·总序》中说：“余平生行文，并不摹拟柳州形式，独柳州求文之洁，酷好《公》《谷》，又文中所用助字，一一叶于律令，依事著文，期于不溢……余遵而习之，渐形自然，假令此号为有得，而余所得不过如是。”章老将柳文的艺术性归纳为“洁”和讲求运用“助字”（虚字）两点，这也是他一生学习柳文、进行创作的心得。分别言之如下：

洁——《通要之部》卷九《论文一·古文贵洁》云：“吾尝论子厚之文，其得力处第一在洁。”《体要之部》卷三十四《书·报袁君陈避师名书》云：“柳文自订之规律甚众，而洁字最为突出……然则所谓洁者，作何义解乎？曰子厚《答吴武陵论非国语书》：‘夫为一书务富文彩，不顾事实，而益之以诬怪，张之以阔诞，以炳然诱后生，而终之以僻，是犹用文锦覆陷阱也，不明而出之，则颠者众矣。’夫明而出之者何？曰：视事实之所需，一字不加多，亦一字不加少，摈诬怪阔诞，而使读者不至误入陷阱，即洁之效也。”章老又引用并解释柳宗元《天爵论》“纯粹之气，注于人也为明，得之者爽达而先觉，鉴照而无隐”一段话：“爽达先觉，与鉴照无隐，在明之于人，有内感或外袭之不同。”[12]

运用助字——卷一《雅诗歌曲·平淮夷雅》云："子厚行文，讲求运用虚字，虚字不中律令，即文无是处。"章老将柳宗元《平淮夷雅》所用虚字，如乃、于、允、止、其、曾是、是、伊、爰、式、聿，加以诠释，并说："综举全集，子厚大抵每篇皆在细针密缕之中，加意熨贴，从无随意涂抹，泥沙俱下之病，必须明了此义，方可得到柳文之神。退之称子厚之文，雄深雅健，所谓雅者，不窥破此窍，即不能了解何谓之雅。"

洁与运用虚字之关系如何呢？章老说："子厚《答杜温夫书》，勤勤于助字律令，是犹洁字初步用意，未足以统柳文之全也。"可见讲求运用助字是第一步，洁是最高目标。

（二）柳文的珠帘倒卷笔法

《体要之部》卷二十五《序·送徐从事北游序》云："此文前后反复，一笔到底，学柳文于此类篇幅，最能得到笔法。"章老指出此序收笔"苟闻传，必得位，得位而以《诗》《礼》《春秋》之道施于事，及于物，思不负孔子之笔舌。能如是，然后可以为儒"一段话中，将"能如是"三字省略，"丝毫无损"，将"能如是"三字加上去，"格外有味"，这是"珠帘倒卷法"，"如是"是帘钩。"赖此一钩，将上数句卷成一束，使与下文衔接，便觉千钧直下，意外有力。"

章老进一步说："柳文中惯用此种笔法，如《送僧浩初序》种种，随处可见，读者若不懂得此一笔法，即算于柳集无所通晓。"

（三）柳文的画龙点睛笔法

《体要之部》卷十六《说·谪龙说》云："子厚于此类文字之结尾，每轻轻下一语，如画龙点睛然，以示警惕。若《永某氏之鼠》曰：'彼以其饱食无祸为可恒也哉？'而本文则曰：'非其类而狎其谪，不可哉！'志之壮，声之远，意之斩截，戒之显白，都表里乎是。"

又《罴说》云："子厚善为小文，每一文必提数字结穴，使人知儆，《三戒》其著例也，而《罴说》则重在'不善内而恃外'一语。"

又卷十九《弔赞箴戒·三戒》云："子厚为小文，序与文併，每以一语提纲，另以一语相映作结。《临江之麋》：依势以干非其类，纲也，麋至死不悟则结；《黔之驴》：出技以怒强，纲也，技止此耳则结；《永某氏之鼠》：窃时以肆暴，纲也，以饱食无祸为恒则结。"

章老对柳文的三条评语，指出了柳宗元写小品文的两种笔法：一种是在文章的结尾处，用几个字作结论。这种笔法使用较多，如《谪龙说》、《罴说》等。另一种是在序中用一句话提纲，在文中用一句话作结，如《三戒》。后一种笔法包括了前一种笔法，后一种笔法是前一种笔法的发展。章老指出：柳宗元用这种笔法"以示警惕"，"使人知儆"，这是柳文的思想性所在。

（四）章老研究柳文的重点是论证柳文的思想性和政治意义，反复揭示柳宗元立大中为准绳、善于持喻、论古箴今、托物言志等要义，举例述之如下：

（1）章老指出："柳文不甚言道，而重言中"⑬，除了在《体要之部》各卷随文诠释之外，又在《通要之部》卷一《柳志》撰《大中》一篇，进行专题论述，其要点为：

子厚笃信大中之道，其源出于《春秋》为陆淳先生所讲授。

柳文立大中为准绳，万变不离其宗，或单言中，或言中道，或用骈俪语，如中庸又如中正，抑或别加状物词如时中。

子厚以“当”与大中为同义语。宜当，骈语，宜亦当也。

何谓“中”？章老引用柳宗元《与杨诲之第二书》：“夫刚柔无恒位，皆宜存乎中，有召马者在外，则出应之。应之咸宜，谓之时中”一段话，认为“右数语，子厚自作之解释，尤为通彻”。

（2）《体要之部》卷二《赋·牛赋》云：“子厚为文，善于持喻，然其妙处，在分寸不溢，一出口即如人意之所欲言，凡吾谓此赋为叔文写照以此。”又卷十九《弔赞箴戒·弔苌弘文》云：“子厚弔苌弘，实乃弔王叔文，盖叔文遇羸病之主，而革政不成，致以身殉，与苌弘欲城成周，以强周室，卒为周人所杀，事微异而愚忠颇同。”

（3）《体要之部》卷四《议辩·晋文公问守原议》云：“子厚论辩文字，大抵有关当时朝局，精悍无匹之作，如《晋文公问守原议》，若视为作者心忧古人，洄溯晋故，岂非獃汉？”章老指出此篇是“假托古人摅其愤慨”，“文曰：‘其后景监得以相卫鞅，弘石得以杀望之，误之者晋文公也’，断制何等紧迫？就中不宜谋及媟近一句，最为纲领。推之《桐叶封弟辩》，并以‘设有不幸，王以桐叶戏妇寺，亦将举而从之乎’数语显示铜山洛钟之妙。”

又《桐叶封弟辩》云：“子厚行文，以‘合古今，散同异’六字，为之准则，故凡论古之作，皆属箴今，如《问守原》及本篇，最为显例，子厚熟精《春秋》义例，运用不穷。”章老指出“王设以桐叶戏妇寺当如何？妇特陪笔而已，而寺人最置重”。

（4）《体要之部》卷二十九《记·小石城山记》云："此文寥寥二百字，读之有尺幅千里之势，而又将己之郁勃思致，愤慨情绪，一一假山石之奇坚，树箭之疏数，悉量表襮于其间，茅顺甫谓：借石之瑰玮，以吐胸中之气，信然。"

柳宗元《箕子碑》云："当其周时未至，殷祀未殄，比干已死，微子已去，向使纣恶未稔而自毙，武庚念乱以图存，国无其人，谁与兴理？是固人事之或然者也。然则先生隐忍而为此，其有志于斯乎？"章老指出："此乃子厚大展抱负，隐隐以箕子自喻，绝非仅仅于殷周间推测其人事之或然也。"由此可见，柳宗元"绝对否认"他"与（王）叔文亲善为比匪"，而是"以唐无（王叔文）其人，谁与兴理自期"的。章老又说："此碑谢枋得评价极高，《文章轨范》中收柳文仅六篇，而此碑其一。其说曰：此等文章，天地间有数，不可多见，惟杜牧诗一首似之。题项羽乌江庙云：胜败兵家不可期，包羞忍耻是男儿，江东子弟多豪俊，卷土重来未可知。右说着眼在隐忍二字。夫叠山以向后志存兴宋而尊此文，子厚以从前迫切兴唐而作斯颂，两贤忧国仁民，隐衷如一。钊按：有友见此记载，于小杜诗大为嗟赏，吾曾有二绝咏此事云：'柳州箕庙杜乌江，志大男儿总不降，两字叠山牢记取，人争隐忍定兴邦。''公孙落魄叟迴肠，破庙题篇事可伤，一入有心人眼底，化为天地大文章。'并记于此，以资印证。"

章老所云"友人"、"有心人"，指毛泽东主席。毛主席看过《柳文指要》全稿，对柳宗元、杜牧、谢枋得的"隐忍"议论，"大为嗟赏"。章老写了两首七言绝句，咏叹其事。除了毛主席外，谁能当受章老"天地大文章"的赞誉呢！

（五）章老宣称：撰《柳文指要》，“所三致意者，为文中政治意趣也”[14]。《体要之部》一一揭出政治性强的、各种体裁的代表作品，如《体要之部》卷三《论·封建论》云：“子厚之论封建，不仅为从来无人写过之大文章，而且说明子厚政治理论系统，及其施行方法之全部面貌。”

又《天爵论》云：“子厚所为《天爵论》，可视为抗古箴今，双管齐下之作。”

又《时令论》云：“吾尝论子厚非薄当时礼制，而迹之差显明者，莫如《时令论》。”

又《断刑论》云：“《断刑论》者，与《时令论》相辅而行之所为作也。”

又《辩侵伐论》云：“子厚此论，关乎唐室之安危者甚大。”

又《六逆论》云：“子厚之《六逆论》，明明为王叔文而发也……所引秦用张禄，魏疏吴起，苻进王猛，胡族李斯诸例，无一不影射叔文。”

又卷十三《墓志·王叔文母刘氏志文》云：“子厚之草此志，乃争取时间为之，倘稍涉游移，叔文一生之抱负功业，可能永无正面写照之任何文语。”

又卷十八《骚·斩曲几文》云：“鄙意此崭崭为弃绝阉宦而作……适以反映永贞作政之最大号召，而标识达道专法之唯一准绳。”

又卷十九《伊尹五就桀赞》云：“子厚一生为学入政之大宗旨，不外急生人三大字……夫永贞七八月短短期间，所行善政如彼之多，感动人心如彼之大，即可证伊尹就桀，朝吾从而暮及于天下者，涉思不谬。”

又卷三十《书·寄许京兆孟容书》云：“千载而下，如闻其声，中正信义，及兴尧舜孔子之道，利安元元，乃子厚毕生学问与志愿所在。”

又《与杨京兆凭书》云：“书中有关目语，最为扼要：一曰‘圣人之道，不益于世用’……代表子厚之政治思想，与其平生明章大中之旨相通。”

又卷三十一《书·与吕温论非国语书》云：“《非国语》者，子厚体物见志之作也……尝论以文字言，《非国语》在柳集中，固非极要，若以政治含义言，则疏明子厚一生政迹，此作针针见血，堪于逐字逐句，寻求线索，吾因谓了解柳文，当先读《非国语》，应不中不远。”

余不多举。章老还对这些政治性强的代表作品，进行比较研究，分析更为深入，他说：“子厚之政治理想，往往执持甚坚，遇题发露，不一而足。如（《六逆论》）篇中言任用者之道，此在《封建论》中已发其大凡，即所谓‘世大夫世食禄邑，以尽其封略，圣贤生于其时，亦无以立于天下’是也。此外《非国语·命官篇》，对晋文公树一义曰：‘官之命，宜以材耶？抑以姓乎？文公将行霸，而不知变是弊俗，以登天下之士，而举族以命乎远近，则陋矣。若将军大夫必出旧族，或无可焉，犹用之耶？必不出乎异族，或有可焉，犹弃之耶？则晋国之政可见矣。’此以视《六逆论》中远间亲、新间旧之驳义，如骖之靳，相辅而行。”⑮

（六）顺便说一下，《柳文指要》中多处引用我的考证成果，略举三例：

（1）《通要之部》卷二《永贞一瞥·册府元龟之求贞史料》云："卞孝萱勤探史迹，时具只眼，顷从《册府元龟》中检得永贞史料二事见示，颇足珍异。"《柳文指要》1362—1363页全录我文，今摘引如下：

《册府元龟》卷五〇七《邦计部·俸禄》："唐顺宗以贞元二十一年正月即位……诏停内侍郭忠政等十九人正员官俸钱。"……一举而停十九个宦官之俸钱，为中晚唐绝无仅有之大事，二王刘柳与宦官斗争之坚决，于此得一强证。

1965年章老撰《柳文指要通要之部序》，大书特书此事，认为"于攻治柳文有甚深理解"。

（2）《通要之部》卷二《永贞一瞥·二恨潜通史迹》云："就中权珰强镇，此二恨如何交通构扇之迹，恨无显文露书可资左验，曾偶与卞孝萱谈及而嗟叹之，越日，孝萱果提供'永贞史料钩沈'二则，持读辄为一快。"《柳文指要》1358—1359页全录我文，今摘引如下：

崔元略撰《唐故兴元元从、正议大夫、行内侍省内侍、知省事、上柱国、赐紫金鱼袋、赠特进、左武卫大将军李公墓志铭（并序）》云："公讳辅光……属太原军帅李自良薨于镇……公驰命安抚……便充监军使……元和初，皇帝践祚，旌宠殊勋……"韩愈《顺宗实录》卷四："六月癸丑，韦皋上表请皇太子监国，又上皇太子笺，寻而裴均、严绶表继至，悉与皋同。"时韦皋为剑南西川节度使，裴均为荆南节度使，严绶为河东节度使，三人相距遥远，

缘何不约而同？幕后盖有操纵者焉。据《旧唐书》卷一四八《裴垍传》："严绶在太原，其政事一出监军李辅光，绶但拱手而已。"永贞之际，严绶上表请皇太子监国一事，疑亦拱手听命于李辅光，特治史者苦无确据。今以李辅光墓志所云"元和初，皇帝践祚，旌宠殊勋"等语为证，可释然矣。又据《新唐书》卷一〇八《裴均传》，均为大珰窦文场之养子，其上表请皇太子监国，当亦受宦官指使，可从严绶类推得之。

章老说："从崔元略志中'殊勋'二字着想，为问国家大事，除监国外，将更何所谓殊？如此觅证，在逻辑谓之钢叉论法，百不失一。孝萱既从联锁中获得良证，而吾于子厚所云外连强暴之一大疑团，立为销蚀无余，诚不得谓非一大快事。"又于《柳文指要通要之部序》中大书特书此事，认为"人从而覆治柳文，将能理解亲切"。

（3）《体要之部》卷四《议辩·晋文公问守原议》、卷三十八《表·为王户部荐李谅表》引用我的考证成果，证明王叔文革新集团成员李谅所撰之《辛公平上仙》，是影射顺宗幽崩。原文较长，为节省篇幅，只用王芸生先生的一段话，来说明此事经过：

我由韩诗究出韩柳关系的隐微。但对"天位未许庸夫干"一句诗，也如前人一样，只认为是韩愈的信口开河，未予重视。却经章行严先生指出"此语不是无的放矢"，并提出唐顺宗李诵之死可疑的问题。这一观点，得到卞孝萱同志的支持，并提供了史料和见解。孝萱同志考出《续玄怪录》的作者是属于王叔文集团系统的李谅，并研究出《辛公平上仙》所描写影射的被杀皇帝不是宪宗，可能是顺宗。这一发现很重要。由于这一发现，可以帮助我们进一步地认识二王政权和永贞内禅一幕政变的重要意义。这对中唐和中唐以后历史的研究也提供了一条重要线索。[16]

1971年，在毛主席的关怀下，中华书局以大字排印《柳文指要》。章老写信给周恩来总理，请将我从中国科学院哲学社会科学部（今中国社会科学院）河南干校召回，协助他校勘。我回北京后，章老对我说，书的内容由他负责，我只进行文字校勘。我深知章老性格（《柳文指要》中即有“吾文一落笔，即不欲任性涂抹也”等语），虽看出内容有失误之处，也无能为力，实为憾事。出版后，章老赠我一部，亲笔题：“孝萱老棣指疵。此书出版，荷君襄校之力，甚为感谢。章士钊敬赠。一九七一年十月二十六日。”

《论衡指要》

章老“偏嗜”柳文，又喜爱王充《论衡》。曾在《甲寅》杂志上宣布整理《论衡》计划，并设“通讯”一栏，与学者切磋。《逻辑指要》中引用《论衡》之处，触目皆是，如第三章《思想律》即引用《论衡》之《无形篇》、《书虚篇》、《实知篇》，余不多举。《柳文指要》中还常以王充与柳宗元对比，如：

子厚之所谓偶然者，非子厚之创论也，王充著《偶会篇》，曾详哉其言之。彼《感虚篇》……蝗不为灾之为偶然甚明。

寻子厚之偶会论，较王仲任为进一步。盖仲任辨别灾祥，常历举前后两现象使之相次，先坐实前者，而始将后者证明为虚。如云：“夫桑谷之生，与蛇绕左轮相似类也，蛇至实凶，御者以为

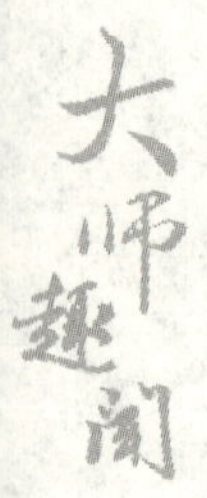

吉，桑谷实吉，祖己以为凶”，此蛇至之是否真凶，桑谷之是否真吉，仲任胸中并无胜算，而为措词立论之便，遽先坐实前项，使之显现后项为虚。此一逻辑程序，殆为子厚所不取……（《体要之部》卷十六《说·谐说》）

王充《论衡》，未见子厚稍一涉及，然而两家唯物论点，无形中适与暗合，《天说》其尤也。试取子厚所说，与仲任所论两两对勘，谓自汉逮唐，吾国唯物理论萌芽，实以此二人为中枢，应是天下方闻之士所公认。（《体要之部》卷三十一《书·答刘禹锡天论书》）

子厚《非国语》者，王充《论衡》之流亚也，特《论衡》语详，而《非国语》于短峭见意，《论衡》所涉极广，而《非国语》专一而精。故其义感人也深，而说尤易入，古来析理之书，此种最为贵重。

子厚称李致用（景俭）作《孟子评》，“……王充刺孟，所诋尤笃。”（《体要之部》卷三十一《书·与吕温论非国语书》）

“荣古虐今，较言厚古薄今犹进一层，荣虐字都矜鍊。尝考王充《论衡》中《齐世》《须颂》等篇，屡用高古下今，尊古卑今，褒古毁今，称古毁今，长古短今等字，子厚或因而发兴，别拈两字，期与遥遥相称云。”（《通要之部》卷五《评林下·吴仲伦书柳集》）

王充、柳宗元是章老所景仰的两位古人，因为《论衡》、柳文都合乎逻辑和具有唯物观点。比较之下，章老对柳宗元更为敬佩，这或许是章老先撰《柳文指要》，后撰《论衡指要》的原因吧？

《论衡指要》尚未完成，章老就去世了。但章老研究《论衡》的阶段性成果，已受到学术界的重视。例如刘盼遂先生的《论衡集解》中就采纳了章老的不少见解，请看：

《论衡集解》卷七《道虚篇》“作道术之书，发怪奇之文，合景乱首”；“章士钊曰：‘合景乱首’当是‘古吴纪若’四字之误。”

卷十三《超奇篇》“阳成子长作乐经”；“章士钊云：《后汉书·班彪传》有阳城衡，即子长也。又桓谭《新论》云：阳城子长名衡，蜀人，与吾俱为祭酒。仲任所说，殆即其人。”

卷十六《祥瑞篇》“君子在世，清节自守，不广结从”。“盼遂案：章士钊云：‘从’为‘徒’之误，是也。作‘从’则与下文‘人不附从’相複。”

卷十八《感类篇》“况雷雨扬轩辖之声”“盼遂案：章士钊云：‘轩’当为‘軯’之误，軯辖，震雷声也。”

卷二十三《言毒篇》“与人谈言，口唾射人，则人脤胎肿而为创”；“章士钊云：‘脤’为‘胗’之形误。《说文》肉部：胗，脣伤也。”

同卷同篇“药生非一地，太伯辞之吴”。“盼遂案：章士钊云：‘辞’为‘来’之声误。”今案《四讳篇》，太伯入吴采药，是其明证。

卷二十五《祀义篇》“其修祭祀，是也。信其事之，非也”。“章士钊云：‘事’为‘享’之字误。下文‘鬼神未必欲享之也’，其证。”

卷二十六《实知篇》“行事，文记谲常人言耳”“章士钊云：‘谲’当读为‘述’，盖‘谲’与‘遹’同声，‘遹’又与‘述’古通用也。”

卷二十七《定贤篇》“故名多生于知谢，毁多失于众意”；“章士钊云：‘意’当为‘爱’之误。古‘爱’作‘炁’，与‘意’形近也。而‘知谢’又与‘众爱’互倒，本作‘名多生于众爱，毁多失于知谢’，于义方合。”

同卷同篇“小贤多可称之行，可得箠者小”；“章士钊云：‘箠’字当为‘算’之形误。”

同卷同篇“恶至大，華弗能”；“盼遂案：‘恶至大’不可解，疑‘恶’为‘物’之声误。北音读‘物’如‘恶’而致讹耳。‘恶’与‘数’为对文，‘箠’字宜似章说改为‘算’。”

卷三十《自纪篇》“使面黚而黑丑，垢重袭而覆部”；“章士钊云：‘覆部’骈词。‘部’古通作‘蔀’。《易·丰卦》：丰其蔀。王弼注：蔀覆，障碍光明之物也。此‘覆部’与《易》注同意。”

同卷同篇“贤者欣颂，愚者逃顿”；“章士钊云：‘逃顿’即逃遯。本书‘遯’字、‘钝’字均以‘顿’为之。”

同卷同篇“文孰常在”；“章士钊云：‘孰’疑当为‘族’，声之误也……盼遂案：章说‘孰’为‘族’误，是也……”

既然不可能看到《论衡指要》全貌，从《逻辑指要》、《柳文指要》以及《甲寅》等刊物中钩出章老对于《论衡》的片断见解，聊胜于无。

---

①③⑤章士钊：《逻辑指要·自序》

②章士钊:《逻辑指要》第一章《定名》

④章士钊:《逻辑指要·重版说明》

⑥章士钊:《逻辑指要·例言》

⑦⑪章士钊:《柳文指要·总序》

⑧章士钊:《柳文指要》下,《通要之部》卷五《评林下·翁叔平之于柳文》

⑨章士钊:《逻辑指要》第三章《思想律》

⑩章士钊:《柳文指要》上,《体要之部》卷十六《说·说车》

⑫章士钊:《柳文指要》下,《通要之部》卷九《论文一·明说》

⑬章士钊:《柳文指要》上,《体要之部》卷九《表铭碣诔·陆文通先生墓表》

⑭章士钊:《柳文指要》上,《体要之部》卷二十九《记·游黄溪记》

⑮章士钊:《柳文指要》上,《体要之部》卷三《论·六逆论》

⑯《新建设》1963年2月号,王芸生:《韩愈和柳宗元·附白》

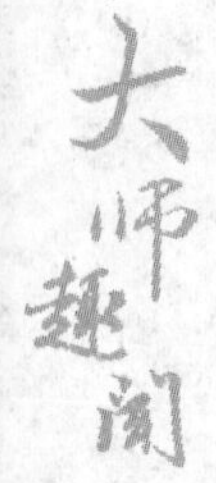

西南联大见闻琐忆

方龄贵

我是1938年考入国立西南联合大学（简称西南联大或联大）社会历史系（后分的社会、历史两系，我读的历史系）的，1942年毕业后又考入北京大学研究院文科研究所（地点仍在西南联大校内），直到1946年研究院毕业，联大解体，北大、清华、南开三校复员北返。联大在昆明办了8年，我也在联大度过了8个春秋，可谓与联大相始终，朝于斯，夕于斯，因而跟联大结下了不解之缘，有很深的感情，而今已半个多世纪过去了。往事历历，忆之情不能已。现就见闻所及，摭拾一二，以当杂记。必须说明的是：所记各事，有的发生在联大解体以后，因为事涉当年曾在联大任教的各位老师，故并录之。

大一国文课

联大非常重视基础课。大一国文、大一英文是各系的共同必修课。历来都是由有学术成就的教师来担任，排出最强的阵容。大一国文课还专门设了一个大一国文委员会，由杨振声先生主持其事。有自印的文章选本作课本，内容历年有所增订变动。所选的文章，基本上就由选者讲授。在我所上的1938—1939年的大一国文课，主讲的（也就是文章的选者）主要有杨振声、朱自清、刘文典、罗常培、罗庸、闻一多、魏建功、王了一（力）、浦江清、许维遹、余冠英诸位先生。可谓极一时之选。记得当时刘文典先生讲的是《典论论文》，罗庸先生讲的是《论语》，闻一多先生讲的是《楚辞·九歌》，朱自清先生讲的是《古诗十九首》，许维遹先生讲的是《左传》鞍之战，余冠英先生讲的大概是《诗经》，魏建功先生讲的是鲁迅的《狂人日记》。其余几位先生讲的是什么，一时想不起来了。老师们学术上根底深厚，备课认真，讲起课来，旁征博引，口若悬河，滔滔不绝，头头是道，而且各有自己的学者风度。刘文典先生讲课时不断吸纸烟；罗常培和罗庸先生满口讲的标准的北京话，时或出语幽默，妙趣横生；闻一多先生蓄须明志，以待抗战胜利之日，大义凛然；朱自清先生冬日来上课时，披一领云南赶马人所用的披毡，显得分外超脱潇洒；许维遹先生讲《左传》鞍之战时，故意把交战的齐人叫做“老山东”，把晋人叫做“老山西”。听他一口山东口音（按，许先生是山东荣成县人）而把齐人叫做“老山东”，实在觉得有点滑稽，想笑又笑不出来；余冠英先生上课时，每进教室，必先向在座的同学深深一躬致意，初时令同学们很不过意。浦江清先生兼指导并批阅我们的作文，记得第一次出的作文题是“我的故乡”。

如此等等，一个刚从中学步入大学门槛的青年学子，一旦面对如许慕名已久的专家学者近在咫尺的教诲，自然不胜“高山仰止”之思了。

施剑翘与西南联大

联大讲授的大一国文算是出了名，不但为上课的同学们所欢迎，而且声名远播，也受到社会上的广泛关注。联大的校门向来是敞开的，校外的人也可随意来旁听讲课。在我们大一国文班上，有一位30岁出头、体态丰盈的老大姐也来听课，而且风雨不误，每堂必奋笔疾书，认认真真作笔记。看光景显然不是联大同学，而是外间慕名来听课的。经向别的同学打听，原来她就是大名鼎鼎的施剑翘，现任国民党昆明航空学校附属小学的校长。提起施剑翘，大概现在80岁上下的人想必记得1935年11月13日大军阀孙传芳在天津南马路居士林听讲佛经遇刺身亡而轰动全国的大命案，开枪刺杀孙传芳的就是这位老大姐施剑翘，她自称是为父亲施从滨报仇而出此手的，当即投案自首，后被特赦。原来在军阀混战期间，施从滨本是张宗昌的宿将，孙、张一战，施从滨兵败被俘为孙所杀。近年曾见到两部以施剑翘刺杀孙传芳为题材的电视剧，但两剧中所扮演的施剑翘这个角色，与我印象里的那位老大姐颇不相侔。原来施剑翘温文尔雅，课前课后跟同学一起聊天，谈笑风生，一团和气，非常随和，霭然长者，一点看不出她就是当年置生死于度外，只身开枪刺杀一代枭雄孙传芳的女英雄。施剑翘还有一个弟弟（名字记不清了），读联大工学院，身体亦甚魁梧。1941年，昆明大逸乐电影院夜间放映时突然倒塌，观众死伤甚众，施弟当晚亦属此场观众，危急中隐身在座位下，幸不及难而头部受伤，有一段时间用绷带缠绕。剑翘与联大（主要是大一国文课）有此一段因缘，外间知者恐不多了。

罗庸先生的一篇佚文

《学林往事》收有刘又辛学长撰写的《怀念罗庸先生》一文，对罗师生平行实与有关著述、论述甚为详备。这里我想补充罗师写的外间多不及知或不及见的一篇佚文，即《忆北平》。这是一篇清丽可诵的散文，刊登在昆明《民意日报》1947 年 7 月 3 日《风土》副刊第 19 期。抗战胜利后，北大、清华、南开三校分别复员北返，而据滇中父老意愿，经当时教育行政部门同意，将联大师范学院独立出来，改为国立昆明师范学院（即今云南师范大学前身），罗师应查良钊院长（原联大训导长）之聘，留任昆明师范学院中文系教授兼系主任，一年后我也由云南大学文史系转到昆明师范学院史地系任教。于时应一位朋友的嘱托，以余力兼编《民意日报》副刊《风土》，内容大抵是介绍各地的风土人情、名胜古迹及民间遗闻逸事，社会反应尚好。罗师对《风土》甚感兴趣，每期必读，兴之所至，还亲自动笔写了一篇《忆北平》，署名“文和”，交我发表，以上就是这篇佚文的由来。吉光片羽，亦自可贵，足以传世。兹转录原文如下：

忆北平

文 和

我走过国内很多的地方，像一个风尘的过客一样，无尽的奔波，无尽的行走。这些地方各有其风貌，各有使人留恋和可爱的地方。如果问我在这些城市中最喜欢哪一个，我想一想还得说是北平。

我自然并不是锦上添花，因为歌颂北平的人可真太多了。不错，北平就是北京，原是五朝宫阙（辽、金、元、明、清）所在之处，绿瓦红墙，很可以令人发怀古之幽情，但这也不能完全说明北平所以可爱之故。我爱的是北平那种浑然的情调。我不喜欢上海的繁华，南京的忙乱，苏州的懒散。但如果要问北平的情调是什么，我想可以用浑厚、幽静、安闲、博大几个字来说明。

最深厚的是人情。北平人是最讲究人情的，大抵忠厚、可亲、温文儒雅、不欺生、不那么粗俗。即使是一个拉洋车的苦力吧，也必人人会哼两句"京腔"，手里不离一份报纸（特别是战前在北平盛销的小《实报》）。北平下等社会骂人，最粗的话也不过是"好孙子啦"，或者"好丫头养的"而已。我们就很少看见过两位地道的北平人在一起动手动脚打架的，哪怕是一个听差的老妈，也都是那么有礼貌而不流于粗俗。或许有人说北平人缺少北方人的刚烈吧，但我以为温柔也是一种长处。

幽静、安闲，北平使你永远感到轻松和恬适。这里像一潭沉静的湖水，悠然自得，不会时常泛起波澜。那些老北平，有的还是逊清的遗老呢，他们生在这里，长在这里，看见一个朝代倒下了，又一批一批的人来了，走了，自己却仍然过自己的日子，哼哼戏，再闲一点的养鸟儿，时间也就打发过去了。住在北平，一切都使你感到自然安排得恰到好处，大不必和时光竞赛短长似的。

说北平博大，因为它是兼容并包，并行不悖。最摩登的小姐可以和小脚妇女同走在西长安街上，而人不以为异。有最新式建筑的电影院，最新的外国电影，但全国最出名的京戏角色也在那里，而各有其观众。中山公园里两个中、西画家可各开画展唱对台戏。故宫是典型的中国建筑，东交民巷则全是一片洋气象……

有北大、清华等第一流新式学府，然而也有和这相对的孔教大学，这都使人佩服北平的博大！

而今北国烽火无边，遥念北平还似当年否！

两件别致的贺婚条幅

记得是在1942年，联大历史系同班学友许令德姊和丁则民兄结为秦晋之好，婚筵席上，展出了老师为他们写的贺婚条幅。其中有两条给我印象最深，至今铭记不忘。一条是邵循正先生写的横幅“同灯观史”，一条是潘光旦先生写的立轴“令我同心同德，则能福国福民”。很是别致。令德、则民同受业于邵师，并且都是请邵师指导写作毕业论文，关系不比寻常，邵师以“同灯观史”相赠，寄托对两位新人百年好合的深切祝愿和不废旧业的谆谆勖勉，立意深远。后来的事实证明：令德、则民确也没有辜负邵师的厚望。潘光旦先生的贺幅，巧妙地把新婚夫妇的名字分别嵌入上下联，语重心长，期许殷殷，在同学中也传诵一时。而今邵循正先生和潘光旦先生早已作了古人，不知此两条幅令德、则民今尚珍藏于世否？

吴有训先生知人论世

吴有训先生是著名的物理学家，联大理学院院长。我和吴先生没有直接过从，但耳闻也有两件事可记。一件是听生物系老同学沈霭如兄（解放后曾任内蒙古大学生物系教授兼系主任）说的。他说，吴有训先生把杨振宁称为他平生最得意的门生，曾说：“杨

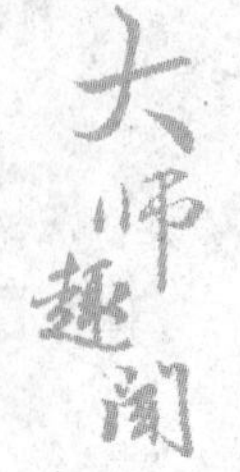

振宁将来一定会拿到 Nobel Prize”（原说的是英文，即诺贝尔奖金），一语石破天惊，有的人将信将疑，迄至 1957 年杨振宁果然获得诺贝尔物理奖（时吴先生在世），证实了吴先生的预见和卓识。知弟子莫如师，至此人们无不赞佩吴有训先生有知人之明。另一件事是听沈从文先生对我说的。沈先生说，吴有训先生不但是一位造诣高深的物理学家，而且极其关心世事，当时第二次世界大战战事方酣，吴有训先生家中壁上挂有一幅很大的世界地图，吴先生每天必根据报纸上发布的消息，把德军（后来还有日军）和盟军作战进展的情况，随时用两种不同颜色的标签插在地图相应的位置上，逐日移动，从不间断。因而对战局的发展和世事变幻了如指掌，举目可见。一似百战将军，胸有甲兵云。

吴宓先生和“潇湘馆”案

吴宓先生是举世闻名的学者、诗人，又是红学专家。据说先生曾以妙玉自况，可见其出尘拔俗之志。先生平生治学谨严，为人刚正不阿，教学认真，在联大是出了名的。我虽不是外语系的学生，不获亲炙教泽，但还是认识先生的。印象里先生手中从来不离一根手杖，出入学校，雄视阔步，特立独行，旁若无人，卓有风度。他最为联大同学所喜闻乐道的是和所谓“潇湘馆”有关的一案。“潇湘馆”原是联大一位毕业同学（经济系？）在离联大不远的府甬道路东开的一个小馆，主要卖的是水饺、面食等小吃。地近翠湖，现为云南师范大学职工宿舍的一部分，联大同学到翠湖散步或进城办事时，大半要经过这里，时或顺路吃碗水饺，生意不错。有一天吴宓先生到得这里，把小馆店主叫来（先生知道这小馆是联大同学开的），责骂了一顿，大意是说："林黛玉一生好命苦，怎么死了你们还要用她的招牌卖钱？"店主虽不是外语系的学生，还是知道先生的，也十分敬重他，连忙道歉认错，答应改名，明天就把店名改作"潇湘"，去掉"馆"字，照旧卖他的水饺。一场风波就这样平息了。由于先生是名流，事情在社会上也流传开，算来已过去五六十个年头了。想不到时过境迁，近年在昆明对此事更传说得走了样，成为此间谈昆明掌故者一桩不大不小的"公案"，还形成文字在报刊上发表。或说小店是在文林街（按：与府甬道不是一条街），"潇湘馆"由于吴宓先生反对，易名"潇洒馆"；或说"潇湘馆"是设在凤翥街（按：与府甬道相距更远了）的一间"茶室"，因字写得不好，遭一老先生（按：暗指吴宓先生）斥责，店主知道此人是红学专家，笔墨造诣甚深，不但不动怒，反对之优礼有加，请为重书招牌，并另修门面，从此匾牌生辉，生意兴隆云。这简直越说越离谱，真所谓"三人成虎"。当然，这都是先生所不及知的事了。

又此间现无《吴宓日记》可查，不悉先生在《日记》中对此事有无记载，或如何记载也。

群星灿烂的昆明两条街

当年联大的老师们，除工学院宿舍、文林街21号宿舍和后来的西仓坡宿舍外，都住得比较分散，为了躲避日本飞机的轰炸，有家眷的老师还多疏散在近郊，如龙头村、冈头村、龙渊村、黄土坡等等，有的并移居离昆明较远的宜良县（现属昆明市）。当年钱穆先生住在宜良北山岩泉寺，风景幽美，他的名著《国史大

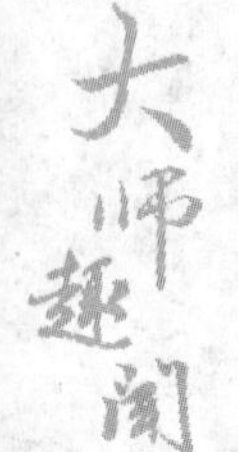

纲》就是在这里写成的。此外家在宜良的还有汤用彤、姚从吾、刘文典诸位先生，为了授课，每周均须乘滇越铁路窄轨小火车往返。在联大附近栖身的老师，除各自租用民房外，多住在两条街上，一是北门街，一是青云街。北门街一处租用的是唐继尧公馆（唐家花园内）的家庭剧场，改为宿舍，住有本师邵循正先生和他的弟弟邵循恪，还有朱自清、陈岱孙、李继侗、陈省身、金岳霖、陈福田、王宪钧、沈同诸位先生及美籍教授温德、英籍教授白英、德籍教授米士等人，我在《记邵循正先生》一文（见《学林往事》）中已经提到过了。应当补充的是：除唐家花园外，住在北门街的联大教授，还有"北门书屋"左近的雷海宗、张景钺等先生，另在唐家花园对过还住过杨振声先生、沈从文先生，以及和雷海宗先生等对门的姚从吾先生（抗战后期日本飞机停止轰炸后由宜良迁来）和住在张维翰先生的别墅"翠螺山庄"（以地近翠湖、螺峰山得名）的毛子水先生。

另外有一条跟北门街平行而有小路相通的青云街，也住得有好几位老师。就中有靛花巷（今改定花巷）宿舍的陈寅恪、郑天挺、罗常培、姚从吾（家在宜良来昆上课时住此）老师，同时住在青云街的还有沈从文先生（初来昆明尚未疏散呈贡龙街时），及讲授日语的傅思龄先生（四眼井巷）。

这样，综计当年住在这两条街的老师有二十多位，其中姚从吾先生、沈从文先生两条街都住过；又跟雷海宗先生、张景钺先生同住一院的还有其他几位老师，情况不详，未计入。就这已知的二十几位老师来说，有名扬海内外属于不同学术领域权威的学者、大师，有一代文学大家宗匠，可说各领风骚，各有千秋，一时群贤毕集，实在是难得的事。两街何其有幸，以“群星灿烂”名之，谁曰不宜！

郑天挺先生博古通今

郑天挺先生的道德文章，学术造诣，已有王永兴学长和冯尔康先生在《学林往事》中撰文详之。我在西南联大读历史系时，选修过先生讲的隋唐五代史和明清史，后来考入北大研究院文科研究所，先生又是我们的副所长。言传身教，惠我良多。先生在联大不但任历史系教授，还当过联大的总务长，须知那可不是一件轻松的工作。抗战期间，联大在昆明建校，困难很多。先生重任在身，不辞繁剧，以他不同寻常的治事才具，对诸事剖决折冲，排难解纷，处决如流，深受全校师生的拥戴，这些都是大家所熟知的。我所要说的是先生博古通今，不但邃于史事，而且于当代文坛亦复留意及之，令人深深叹服前辈师长博大精深的不可及。事情是这样的：1979 年，我应白寿彝先生之约，在京参加编写《中国通史纲要》一书，住在厂桥东福寿里北京师范大学宿舍。暇日往虎坊桥探望老友端木蕻良，承他见告：新著长篇小说《曹雪芹》上卷即将在北京出版社出版，其中有关清朝典章礼俗方面的描叙，未敢自以为是，因久慕清史专家郑天挺先生之名，又知道我是郑先生的学生，央我为之先容，俟书出版后，渴欲寄奉先生一册，敬请先生审正。我夙知端木原曾就读于清华大学历史系（本名曹京平，未毕业），受过治史的训练，在这方面谅来未必有失，但端木虚怀若谷，言甚恳切，我当即修书呈郑师曲为道意，返昆后收到北师大转来郑师的手教，内云：“龄贵吾兄：成都晤教极慰，奉手书知又北来。承示端木同志大著不久出版，奉到当详细拜读。端木同志写作谨严，必多创解。盼企！盼企！复致敬礼。郑天挺1979年10月31日。”“成都晤教”云云，指的是当年我和郑师在成都召开的“史学规划会”上见过面，并曾亲往郑师下榻处拜谒，海阔天空。纵谈甚欢，记得郑师还曾告以毛子水先生在台湾以80高龄娶亲做新郎的趣闻。

观信中郑师语甚自谦，而从赞许端木“写作谨严”一语看来，郑师显然是读过端木的作品，对之有所了解，而作此权衡的。按郑师一向出语谨慎，实事求是，对端木以“写作谨严”相推许，断非泛泛的套语浮词，当是持平之论。我当即函告端木，他自然很高兴，于是年12月31日来信说：“我今天才给郑天挺先生写信，实在因为忙，向他感谢他为《曹雪芹》的史实不吝指教，也因为《曹雪芹》虽已付排，但出版得在春节前后，因此也耽误回信的时间。”逮及《曹雪芹》上卷出版，端木立即给郑师寄上一本请益。不料事与愿违。郑师旋即不幸因病下世，这事自然无从谈起。但即此已可见郑师博古通今之一端了。

李广田先生逸事

李广田先生是一位有名的散文作家、诗人，也是一位好老师，任教西南联大期间，曾在师范学院国文系及文史地专修科讲授过文学概论、各体文习作等课，讲课分析深透，条理清楚，富有启发性，为人亦谦和通达，循循善诱，深为同学所欢迎。我因为也爱好文艺，还遵广田先生之嘱，写过一篇题为“园景”的散文，在他所主编的《世界学生》上发表，后来又和他同在联大师范学院文史地专修科教课（我是研究生兼职），和他多有过从。约在 1943 年的一天，我的一位好友、老作家刘澍德，慕广田之名，由我中介，到昆明兴隆街昆华商业学校教师宿舍（广田当时在这个学校兼课并住在这里）趋访，受到热情接待。我当向广田介绍，澍德经常在文艺刊物上发表小说，笔名“南宫东郭”。他听了拍案称奇，陡地站起来跟澎德重新紧紧握手，欢若旧友重逢，一见如故。探问之下，才知道他在讲授各体文习作时，多曾选当代各种文体如小说、散文等有代表性的好作品印发给学生作为范本，分别加以分析、解说、讲评；其中他就选过一篇署名南宫东郭写的小说作为范本，印发给学生，详加评述，称赏不已。但不知南宫东郭究竟是何许人，深以为憾。（可惜这篇小说的题目我记不起来了）现在南宫东郭（刘澎德）就坐在他的对面，自然不免有不期而遇、相见恨晚之感。两人从此订交，终成莫逆；解放后两人又同任昆明作家协会副主席，往还自然更多了。

蒋硕民先生与蒙古史

蒋硕民先生是联大算学系教授，三校复员后，曾继杨武之先生之后任国立昆明师范学院数学系数授兼系主任，解放后任北京师范大学数学系教授。我和蒋硕民先生在联大本不相识，后来同在昆明师范学院任教才熟悉的。蒋先生在数学界德高望重，久为人所景仰；不曾想他对蒙古史竟也在行，这大概是许多人不知道的，我原来也没有料到。他晓得我是弄蒙古史的，有一次在闲谈中忽然同我聊起蒙古史。蒋先生从德国的蒙古史权威海尼士（Erich Haenisch）谈到阿提拉（Attila，五世纪匈奴人首领，征服过匈牙利等地）、成吉思汗、拔都（蒙古西征名将，成吉思汗之孙）等人，娓娓道来，令我大为惊奇。自从三校北返，在昆明我还没有遇到一位可与谈蒙古史的人，而今乃于数学家蒋硕民先生得之，可谓逢到了知音。按：蒋先生原是国民党政府驻德国大使蒋作宾的公子，早年在德国读中学，并在德国马堡大学深造，获博士学位，在数学方面卓有成就。德国原是蒙古史研究中心之一，有不少专家学者，源远流长，蒋先生想必受此影响，耳濡目染，涉猎及于蒙古史。值得注意的是，交谈中他还提出这样一个问题，说是：在匈牙利（按：匈牙利邻近德国，蒋先生一定到过）语中，把街巷叫做 kut，很可能和中国的“胡同”有关，云云。事隔多年，我在编写《元明戏曲中的蒙古语》写到“胡同”这一条时，赞同张清常先生的意见，认为“胡同”是蒙古语，乃由训“井”的蒙古语 quduq 转来，盖有街巷处多有井。我当即想起蒋先生这段话，去查英、俄本匈牙利语辞典（本子都比较简单，不甚理想），并作“kut，井”，而未见训“街巷”的释义，但我深信蒋先生言之凿凿，所说定非无据。然则匈牙利语 kut 当有井、巷两义，这和蒙古语 quduq 由井转为胡同之说恰恰不谋而合，可说是一个有力的旁证，惜未获一查权威性的善本匈牙利辞书，不敢据此贸然立论。因而拙著此条只说：训“井”的匈牙利语 kut“当与蒙古语、突厥语 quduq 有其关系”。现蒋先生已久归道山，善本匈牙利语辞书亦非一时可得，看来此事竟无从究诘了。

复旦中文系老教授二三事

王运熙

建国以后，复旦中文系的师资队伍，经20世纪50年代初期的院系调整，实力雄厚，其中古典文学师资更见突出。除原有陈子展、赵景深、蒋天枢诸位外，经院系调整来的有郭绍虞、朱东润、刘大杰诸位，一时人才济济。其中刘大杰先生最早于70年代末期逝世，年70余。其他五位均于80年代至90年代初先后下世，赵、蒋80多岁，郭、朱、陈均90多岁，俱称高寿。我长期在复旦中文系古典文学教研组工作，又担任组的行政事务，与以上诸位接触较多，有的还是我的老师。觉得他们的风范业绩，可永垂不朽。回首往事，不禁有人世沧桑之感。今就记忆所及，略述一二，以供学界参考。

郭绍虞重视文学史

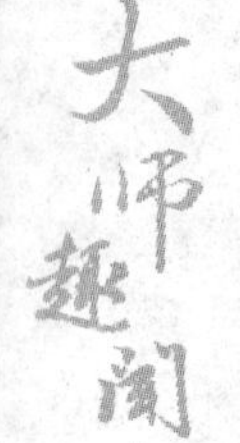

郭绍虞先生抗日战争期间从北京南下上海，原在同济大学任文学院长兼中文系主任（当时同济大学设有文科）。建国后大学实行院系调整，由同济至复旦，任中文系主任。50年代中期，他心脏病发作，病情颇重，休息一段时期后始康复。从此不再担任行政工作，在家从事著述，并带少数研究生。系里特为他配置一名助手，帮助他整理修订旧稿。

郭先生一生致力于中国古代文学理论批评的研究，著述丰硕。他在本世纪三四十年代出版的两卷本《中国文学批评史》，材料丰富，分析细致，成为该学科的开山力作。50年代前期，他试图运用新观点改写两卷本的《批评史》旧著，删繁就简，编成了一部一卷本的《中国文学批评史》，作为高校文科教材，较便初学。由于受到当时学术界左倾思潮的影响，旧著的不少长处（如材料翔实、考订细密）却丢失了。前年天津百花文艺出版社把旧著重印出版，是一大好事。

郭先生虽然一生致力研治中国文学批评史，但他很重视中国文学史。他教过中国文学史课程，写过一部分文学史的论文（收入其《照隅室古典文学论集》），还曾经打算编著一部中国文学史。终因觉得文学史范围广阔，头绪纷繁，不易写好而作罢。于是缩小范围，专治文学批评史。他在两卷本《文学批评史》自序中说："我只想从文学批评史以印证文学史，以解决文学史上的许多问题。因为这——文学批评，是与文学之演变最有密切关系的。"这几句话精辟地说明了文学批评史与文学史的紧密关系，也反映出他研治中国文学批评史，是为了更深入地理解文学史。

郭先生还认为，具有较好的文学史基础，是学好文学批评史的一个重要条件。60年代初期，我代表教研组请他招收中国文学批评史学科的研究生。他表示同意，但接着说：当前大学本科生在大学阶段读古典文学的书不多，基础不厚，读批评史困难较大；最好先让他们读几年中国文学史的研究生，然后再攻读文学批评史。这话讲得很有理。我国古代许多文学理论和批评，常常是结合着对作家作品的评论进行的；如果对作家作品的具体情况，对文学史不了解，就不能理解古代文论的具体的历史条件和针对性，就容易产生隔靴抓痒甚至郢书燕说的现象。

郭先生还很重视文艺理论的学习。建国以后，他曾尝试运用新的文学理论来改编《中国文学批评史》，一次是上面提到的50年代初期的一卷本《中国文学批评史》，还有一次是50年代后期的《中国古典文学理论批评史》(上卷)。虽然由于受到当时左倾思潮影响等原因，写得并不理想、妥帖，但却表明了他对学习并运用新的文艺理论的重视。在他看来，具有较良好的文艺理论修养和中国文学史的基础，都是研治中国文学批评史的重要条件。这种看法还是相当中肯的。

朱东润重视爱国诗人

朱东润先生解放前夕在上海沪江大学执教，50年代初期高校院系调整时来复旦中文系。除教课外，50年代曾任古典文学教研组主任，其后改任中文系主任，直至文化大革命。“文革”中间，他被目为反动学术权威，又是走资本主义道路的当权派，受到大会批斗。红卫兵把刀子架在他脖子上威吓他。他的夫人也因受里弄委员会批斗而自杀身亡。朱先生很刚强，经历了许多磨难，挺了过来。“四人帮”垮台后，他精神奋发，重理旧业，以80余岁高龄又写下了多部传记著作。

朱先生一生关心国事，他研究古代文学，重视发扬爱国精神。建国以后，他看到在中国共产党的领导下，国势蒸蒸日上，于是萌发了参加共产党的信念，在晚年终于如愿。

朱先生是一位中国古代文学研究专家，具有多方面的成就，尤以古代作家传记写作成就最为突出。朱先生早年曾留学英国，阅读了不少英国优秀的传记文学作品，深受启发，并感到中国在这方面太落后了，遂萌发了钻研、写作传记文学的念头。他早期撰写的《张居正大传》，就是一部资料翔实、引人瞩目的传记。他早期还有其他的重要著作。如《读诗四论》（后增订改名为《诗三百篇探故》）是《诗经》研究的一部力作，《中国文学批评史大纲》是该学科的重要著作之一。但他感到现代中国传记文学的拓荒工作园地更广阔，更需要有人努力耕耘，于是在建国后更致力于从事传记文学的写作。他在中文系长期教中国文学史宋元段，结合教学，先写了《梅尧臣传》、《陆游传》，还写了《杜甫叙论》，以后再延伸下去，写了《陈子龙及其时代》、《元好问传》。他写传记，不但熟读传主本人的集子，而且注意传主的时代背景与有关人物，涉及面广，要花去很多工夫，颇为辛苦。他写最后一本传记《元好问传》时，精力已经不支，一度进医院治疗，出院后继续抓紧把该书写完，不幸不久即抱病身亡，可说为传记文学付出了最后一滴血。

朱先生重视爱国思想与精神，他写的传记大抵是具有强烈民族意识和爱国热忱的诗人，杜甫、梅尧臣、陆游、元好问、陈子龙都是如此。张居正则是明代中叶主持国政、为国家立下大功的政治家。朱先生为这些人物作传，体现了他自己的人生旨趣和价值取向。他对放诞虚无的人生观、作风颇为反感，因而不喜欢《庄子》一书。他熟悉宋代文学，曾经想为苏轼作传，终因苏轼思想中老庄成分较多，与自己旨趣不合，没有动笔。他在男女关系问题上态度严肃，不喜欢大胆表现情爱的诗歌。我写过一本《六朝乐府与民歌》，专门探讨六朝着重表现情爱的《吴声歌曲》和《西曲歌》，他不大欣赏。后来我写了一篇论文《范晔后汉书的序论》，内容指出范晔深受儒家思想影响，着重表彰关心国事、崇尚节义的人物，他则颇为赞赏。

朱先生为人刚强，很有个性，但也善于虚心接受别人意见。记得六十年代初，周扬同志负责组织高校文科教材，来上海时，指定朱先生主编《中国历代文学作品选》，郭绍虞、刘大杰两先生分别主编《中国历代文论选》、《中国文学批评史》。鉴于《历代作品选》分量颇大，我建议把它分为先秦至南北朝、唐宋、元明清三部分，分别由复旦、上海师大、华东师大教师分工注释，朱先生欣然同意。由于三校教师通力合作，这部教材得以在不长时间内完成。

刘大杰与《中国文学发展史》

刘大杰先生建国前原在暨南大学（该校当时设在上海）执教，任文学院长。20 世纪 50 年代院系调整时来到复旦。刘先生早年曾在武昌高等师范学校学习，不但古典文学基础良好，而且在教师郁达夫的影响下，爱好新文学，曾写过不少短篇小说。后又东渡日本留学，注意学习西欧文学，发表了若干介绍欧洲文学的著作，因而眼界开阔。抗日战争期间，他蛰居上海，写成巨著《中国文学发展史》上下卷，分别出版于 1941、1949 年，出版后名声大噪，奠定了他在中国古典文学研究领域的重要地位。

刘先生较多地接触西方文艺思想，同时又注意吸收“五四”以后现代学者梁启超、王国维、胡适、鲁迅、郑振铎等人的研究成果，因而他的《中国文学发展史》显得视野开阔，富有新鲜感。他注意运用西方文艺理论的一些名称概念，但不生搬硬套；注意突出某一历史时期最有成就的文体（如宋词），但也避免把“一代又一代文学”的论点极端化，如明清时代只讲小说戏曲、不讲诗文的片面性。因而使全书显得既新颖而复圆通，兼之全书条理清晰，文笔流畅，因而赢得学术界的瞩目与广大读者的喜爱。50至60年代，刘先生尝试运用马克思主义观点并吸收新的资料，对《发展史》作了部分修改，分成上中下三卷出版。现在看来，因受当时流行的左倾思潮影响，修改本较两卷本旧著也是有得有失。去年天津百花文艺出版社把两卷本旧著重印行世，也是很有意义的。

50年代末朝，学术界开展批判资产阶级思想运动。在古代文学方面，复旦中文系原来打算重点批判两本书，即《中国文学发展史》和郭绍虞先生的《中国文学批评史》（一卷本），后因学生觉得郭的《批评史》不易读懂，难度很大，遂集中力量批判《文学发展史》一书。学生们写了不少批判文章，开了批判会，还编成《中国文学发展史批判》一书出版。与此同时，学生们还集体编著出版了一部三卷本的《中国文学史》，以现实主义与反现实主义斗争为贯穿全书的主线。现在看来，这两部书都深受左倾思潮影响，有许多牵强附会之论，因而后来很少有人去参考它了。当时校外也有人（如中国社科院文学研究所的同志）发表过批判《文学发展史》的文章，刘先生后来也写过少量反批评的文章。

据刘先生说，60年代，毛主席曾托人传话，要他改写《文学发展史》。某次又在上海接见他，和他畅谈中国古典文学。刘先生在60年代遂改写《文学发展史》，注意突出历史上两种思想倾向的斗争。第一卷出版后，深受毛主席重视，并把它印成线装大字本。之后刘先生去北京，江青接见他，赠他大字本一部，嘱他继续写下去。后来第二卷出版，书中突出儒法斗争，并不适当地吹捧武则天的文学业绩。1976年"四人帮"垮台后，这两卷《文学发展史》(特别第二卷)受到学界批判，有的复旦同事更给予猛烈抨击。刘先生在这方面确实犯了错误，但为当时政治形势所迫，也有其不得已的客观原因。1977年，刘先生患病去世。现在流行的《文学发展史》，仍为五六十年代的修订本。

50年代中期，高教部曾组织部分高校的若干专家集体编写《中国文学史》，由北大牵头。其中魏晋南北朝隋唐五代段由刘先生负责，写出了大纲(全书大纲曾由高等教育出版社出版)。不幸刘先生不久因患肠癌，开刀后须有较长时间休养，不克参与此书的正式编写，这阶段遂改由山东大学萧涤非先生负责。此书编成后，署名游国恩、王起、萧涤非等编著，由人民文学出版社出版，迄今风行不衰。

刘先生还参与高校文科教材《中国文学批评史》的编撰工作。60年代初，周扬同志指定刘先生主编《中国文学批评史》，他找了复旦中文系的若干年轻同志分工编写。事隔一年余，此项工作即因教师纷纷下乡下厂参加"四清"运动而中辍。当时仅写成上卷(先秦至唐五代段)，于1964年由中华书局上海编辑所(即今上海古籍出版社前身)出版。刘先生当时忙于改写《文学发展史》，没有参与《批评史》的写作，只参与制定全书的章节目录，并审阅了上卷全稿，作了部分修订。该书唐以后的部分手稿，在“文革”中遗失。80 年代，由我与顾易生同志主持，继续编完了《批评史》宋元明清阶段，分成中下两卷出版。当时因刘先生已经去世，我们征得刘师母李辉群女士同意，此书署名改由我与顾易生主编，对刘先生参与《批评史》上卷工作的情况，则在卷首说明中作了交代。

蒋天枢尊师

蒋天枢先生抗日战争期间，即开始在复旦中文系执教，直至 80 年代去世。蒋先生曾肄业于无锡国专，后考入清华研究院，接受导师王国维、陈寅恪的教导，对王、陈两位十分推崇。他提到王国维时，常称为先师王静安先生，当时陈子展先生曾戏称为“先师派”。他对陈寅恪先生也是尊重备至。建国以后，陈在广州中山大学任执，每逢假期，他常去广州谒见陈先生，所说见面时常行跪拜之礼。陈也很器重蒋先生，“文革”中曾把自己一部分稿件交蒋保存。“文革”以后，蒋先生奋力整理《陈寅恪文集》，由上海古籍出版社出版，还编撰了《陈寅恪先生事辑》一书出版。在整理、传播一代学人的著作业绩与生平事迹方面，作出了出色的贡献。《陈寅恪文集》出版后，出版社付给他的编辑费，他不取分文，悉数转交给陈先生家属。其高风亮节，可见一斑。

某次在复旦中文系全体教师会上，朱东润先生以系主任身份勉励年轻教师做好学问，中间谈到传记文学，批评陈寅恪的《柳如是别传》以数十万字的篇幅写这么一个女子，不值得。蒋先生听了很生气，说朱对陈寅恪先生的写作意图并不了解，说罢匆匆走出会场，以示抗议。上世纪50年代，我写过一篇论文，名叫《试论唐传奇与古文运动的关系》一文，文章批评了现代某些学者在这方面的不正确见解，发表在《光明日报》的《文学遗产》副刊上。此文得到复旦郭绍虞、朱东润、周谷城诸前辈的好评，后来还被选入《文学遗产选集》第三辑。但蒋先生对此却非常不高兴，因为文章也批评了陈寅恪在这方面的观点。我对陈寅恪的学术成就也是非常崇敬的，并深受其著作的启发影响，但认为其某些看法未必正确，可以商榷。蒋先生则认为陈是他崇敬的老师，不能冒犯。这种态度不免陈旧。蒋先生为人直爽。50年代后期，我担任古典文学教研组副主任，推行左倾路线，如批判资产阶级学术思想、大搞群众性科研活动等。他对此很不满，责怪我。后来知道这不是我的意愿，只是执行组织布置下来的主张，又向我表示谅解。

蒋先生的治学，注重研读经、史、小学。他开设的专门课，除《诗经》、《楚辞》外，还有《左传》、《三国志》等，讲课首重文字训诂，其次是历史考订。他指导青年教师和研究生，阅读重点有二：一是学习文字、音韵、训诂和目录、版本、校勘，要青年人认真读清代段玉裁《说文解字注》、王念孙《广雅疏证》、《读书杂志》、王引之《经义述闻》、《经传释词》等著作。二是读重要史籍，如《史记》、《资治通鉴》等。其方法主要是继承清代朴学的传统。北京师范大学的韩兆琦教授，“文革”前来复旦做进修教师，由蒋先生指导。蒋先生要他精读《史记》，他认真读了，后来继续深入钻研，成为一位著名的《史记》研究专家。

赵景深的诙谐

赵景深先生建国前即在复旦中文系执教，直至80年代逝世，在复旦长达半个世纪。

赵先生专研中国古代的通俗文学戏曲、小说、讲唱文学等。著作丰富，是国内有数的通俗文学研究专家。他不但在学校开设过不少通俗文学课程，还主办通俗文学杂志、报纸副刊，培养扶植了一批这方面的研究人才，比较著名的有叶德均、关德栋、陆萼庭、徐扶明、邓绍基、李平、江巨荣等。

赵先生藏书不少，特别搜集了大量不为一般藏书者注意的通俗文学书籍。他奖掖后进，常常主动地把有关资料出借给年轻人，并在一个记录本上记下了借出的书名和借书人，以免遗忘。记得我大学毕业时写的论文是《秦观研究》，他即把张宗橚《词林纪事》（线装本）等书借我参考。

赵先生在中文系常开设“明清文学史”与“戏曲选”、“民间文学”等课程。他的语言才能好，尤擅长唱京戏。上课时讲戏曲，即席演唱，声情并茂，深受听者欢迎。在中文系的联欢会上，他时常参与表演，除唱戏外，还表演各地方言，十分生动，博得满场掌声。在“文革”期间，赵先生和系内其他十来名老教师同时被目为资产阶级反动学术权威关进“牛棚”，每天学习并参加体力劳动。有一段时间，还因什么问题受审查，被单独关进一房间。某次，两个看守他的红卫兵同时去吃中饭，怕他一人在房间内出事，就把他用绳子绑在床上，使之无法走动。此时恰巧有从外地来的调查者走访赵先生，要了解一些问题。走访者敲他的房门，问里面有人没有，赵答没有。走访者问：“你不是人吗？”赵答：“我是牛。”直到红卫兵吃罢饭回来，走访者才得以进门。这事说明赵先生的诙谐风趣，在当时痛苦的场合仍然表现出来。

赵先生身材较矮，躯体肥胖，小腿和脚却颇瘦小，支撑力不足，因而容易摔跤。50 年代某次他在北京参加会议时即摔过一次，两臂受伤，绑上了石膏。1985 年又在家里楼梯边跌跤，引发脑中风，终于不治身亡。他当时全身健康情况尚好，如果不是这次意外不幸，他大概还可以活上若干年。

赵先生逝世后，他的全部藏书出让给复旦大学古籍研究所，家属提出所得书款的一部分设立赵景深学术基金，用以奖励本校在通俗文学研究方面有成绩的年轻人。

陈子展遭厄

陈子展先生长期在复旦中文系任职。抗日战争期间，他已担任复旦中文系主任，直至上世纪 50 年代初。陈先生早年在东南高等师范学校（中央大学前身）肄业，接受过不少著名学者的教诲，又刻苦自学，因而具有深厚的国学基础。其后至上海工作，一度东去日本。他与著名戏剧家田汉熟悉，积极参与新文学活动，写过不少杂文在报刊上发表，参与过大众语问题的论战。还出版过一本约二十万字的《中国近三十年文学史》（署名陈炳堃），由太平洋书局出版。它是早期中国现代文学史研究著作中值得重视的一本。陈先生兼通新旧文学，目光宽广，思路开阔。他任复旦中文系主任期间，对聘任教师采取兼容并包的态度。在著名教授中，既有擅长古典文学研究的学者如赵景深、蒋天枢等，又有擅长新文学创作的作家如方会孺、章靳以等。

我于1947年夏季毕业于复旦中文系，留任为助教。当时陈先生是系主任，我除协助他处理一些行政工作外，还帮他批改一部分学生的作文卷，因而常去他家。陈先生对青年教师很热情，注意诱导他们从事深入的学术研究。他谈话时，口若悬河，上下古今，涉及许多学人及其著作的特点与得失，给听者以很大的启发。我当时告诉他准备研究汉魏六朝诗歌，他要我读王闿运的《八代诗选》，还提出应认真读有关八代的史书，如《汉书》、《后汉书》、《晋书》、《南史》等，还把我在这方面的论文介绍给《国文月刊》发表。我照他的吩咐做了，逐渐走进了深入探索汉与六朝时代乐府诗的领域。他是我研究工作起步时的一位重要带路人。

1949年5月上海解放。解放前夕，因为陈先生参加过一些进步文化活动，据说国民党的文化人黑名单中也有他的名字。为避免不测，有一段时间他常躲在友人家，记得有半个多月晚上睡在我家。50年代初院系调整以后，复旦中文系主任改由郭绍虞先生担任。陈先生为人刚直，有不称心事不能忍耐，喜欢直率地批评，甚至詈骂。当时他对校内的某些措施颇不满意，发过牢骚，还骂学校的党政领导。1957年反右斗争中，他自知情绪激动时讲话不能自我控制，不去参加各种鸣放会，但仍被划为右派。没有多久，当时的中央统战部长、陈先生的同乡与老友李维汉同志向复旦询问陈先生的情况，校领导体会李的意思，不久即为陈先生摘了帽。

从此以后，陈先生更是杜门简出，在家读书写作，重点研究《诗经》、《楚辞》，他对这两部经典著作过去即已阅读不少注释，此后更是细心琢磨推究，积累了大量材料。“文革”初期，他被红卫兵强拉到学校观看大字报，因他多年不参加教学工作，红卫兵高呼“打倒吸血鬼”，加以谩骂。陈先生一下经受不住，当夜服安眠药自尽，幸被及时抢救过来。“文革”后期，他又专心研究《诗经》、《楚辞》。至80年代，终于完成了《诗经直解》、《楚辞直解》两部功力深厚、为学术界瞩目的著作。建国以后，陈先生一直很少参加社会活动，在家潜心著述。他的上述两部《直解》，是不怕枯寂生涯，不怕长期坐冷板凳所获得的丰硕成果。对《诗经》有研究的朱东润先生看过《诗经直解》后，称道其功力甚深，可以传之久远。此书已由复旦大学出版社重印至数万册，也可见其受学界重视的程度。与陈先生同辈的某些知名学者，建国后忙于参加各种社会活动，在学术上却很少有新的业绩。这里可以借用韩愈《柳子厚墓志铭》的话说：“孰得孰失，必有能辨之者。”

陈先生于1990年逝世，终年90余，他是复旦中文系古典文学研究专家中最后去世的一位。遗嘱不举行遗体告别仪式，不开追悼会，不保留骨灰，可见其对死生荣辱的旷达态度。

2000年7月

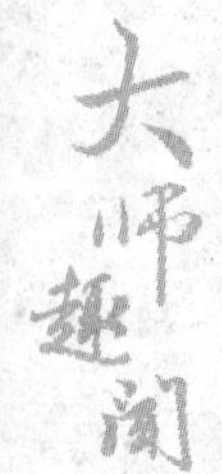

先君师友琐记

蒙 默

一、四川存古学堂和廖季平、刘申叔二先生

1909年四川仿江苏设四川存古学堂，1910年招生，限举人、贡生、秀才、监生，及中学堂毕业生之古文素有根底者乃能报考。先君子文通公当时正读中学，尚未毕业，乃捐一监生，于1911年考入，但以保路同志会事起，未能入学。翌年，民国成立，改名四川国学馆，嗣四川国学院成立，以国学馆并入，改名四川国学院附设国学学校，后又改名四川国学学校，以"研究国学、发扬国粹、沟通今古，切于实用为宗旨"。国学院以名山吴之英先生为院正，乐至谢无量、仪征刘师培先生为院副。谢、刘并先后任国学学校校长。1913年刘去职后由井研廖季平先生为校长。时吴55岁，谢23岁，刘29岁，廖61岁，并皆海内名宿，尤以刘自《国粹学报》创刊以来即为主要撰稿人，刊布作品甚多，享有盛名。但刘之来川，并不是国学院礼聘远致，而有一翻曲折。缘先生于1907年因从事革命活动，亡命日本，与章太炎先生甚相得，并称二叔（章字枚叔，刘字申叔），翌年与章龃龉，又有小人乘间挑拨，其妻遂怂恿先生返国入两江总督端方幕。1911年，四川保路事起，端方奉清帝命率鄂军两千人川，先生随行。11 月 27 日鄂军在资州起义，响应武昌起义，杀端方及其弟端锦，先生亦被拘，时四川军政府已成立，章太炎不念旧恶，驰电川军政府，谓“如杀申叔，则读书种子绝矣”。先生以此得免，并得延聘主国学院事，与吴、谢、廖共事。然而诸先生之学各有所主，互不相同。先君尝记其事言:“文通于壬子、癸丑间（1912—1913 年），学经于国学院，时廖、刘两师及名山吴师并在讲席，或崇今，或尊古，或会而通之，持各有故，言各成理，朝夕所闻，无非矛盾，惊骇无已，几经岁年，口诵心唯而莫敢发一问，虽无日不疑，而疑终莫解。”当时曾有这么一件事，刘先生教经学，沿清儒读书当先识字的旧模式，教经学讲的是《说文解字》，期中试题是“大徐本会意之字，段本据他本改为形声，试条考其得失”。先君答卷三千余言，刘先生颇为满意，给了 98 分，并在卷首批道:“精熟许书，于段徐得失，融会贯通，区别条例，既昭且明，案语简约，尤合著书之体。”但廖师见先君之好读许段书也，则另有一翻看法，批评他道:“郝、邵、桂、王之书，枉汝一生有余，何曾解得秦汉人一二句，读《说文》三月，粗足用可也。”先君大为惊骇，思想斗争的结果，还是以廖言为是，放弃了名物训诂之学，而唯条例家法、微言大义是务。先君正是在这样的教育下锻炼出来的。

廖先生头大，其帽常不能于店中购得而须定做，盖店中无此大号也。世俗谓头大者聪明，但先生少时记性却不佳，读书不能背诵，塾师令其退学，后家人请于塾师许以不背诵，乃再从学。故先生尝言“予后专从思字用功，不以记诵为事”。然先生亦非绝不能记诵者，在国学学校时，每夜醉，辄笑语入诸生舍为说经，原原本本、娓娓而谈，无误语。又尝示门人《汉书》中事，于积帙中信手抽出，展卷三数翻，直指某行，同学侍立者皆惊愕。先生习早起，谓平旦之时，头脑最清、最宜于思。又尝说：“予思而不学，终岁不闻诵声，而梦亦相萦绕。”教门人亦常以“好学深思，心知其意”为言，先生固仍多在思字上用功也。故其学虽精研覃思颇多胜解，然亦不乏窈眇难知之说，特以后期为甚，故常为世所诟病。先君从廖氏学时已值大讲四变天人之学，虽能世其家学之次孙廖次山亦称“莫测高深，不敢苟同”，而招先生“汝乃叛我”莞尔之责。故先君亦不敢尽信其说，在论述先生之学时，多仅至三变而止，谓其“晚年所获，固在医而不在经学也”。

刘先生是经古文学家，其早期著作曾对廖氏《今古学考》进行批评。《今古学考》是廖氏成名之作，多为世所称道，主要是依据礼制以判今古，今文主《王制》，古文用《周官》，平分今古，无所轩轾。章太炎亦古文大家，对此说颇多佩服，曾谓：“廖平说经，善分别今古，盖惠、戴、凌、刘所不能上。”“廖平之学，与余绝相反，然其分别今古文确然不易。”刘先生之批评，可能是他当时还没能领会廖书深意。及其入川，与廖朝夕相处，常相讨论，其事甚悉（闻之于谢无量先生），乃渐明了和接受廖氏之说，转而对廖大加推崇。其时所撰《非古虚》中篇虽于廖氏仍致不满，然其篇首就说：“井研廖氏，贯彻汉师经例，鰓秩便程，若巷淄渑，掊击后郑、杜、范，批郤道款，如土委地，謋然合桑林、中经首，魏晋以来未之有也。”篇中又说：“廖氏之说，缄中纮外，持至有故，固非躄跬骈辩之方也。俗所诋嗤，率彼蔓附支引诸谊耳。”此其“夫子自道”乎？其对廖氏评价之高可谓无以复加矣。故先君谓："海内最能知廖氏学者，宜莫过于左菴（申叔号）。"在廖氏影响下，刘先生入蜀以后说经之途大变于前，其教学亦颇重《五经异义》、《白虎通》，其治经则唯古文礼家古说是求，《西汉〈周官〉师说考》、《周官古注集疏》、《礼经旧说考略》其著者也。故先君谓"自廖师之说出，能寻其义以明今文者唯皮鹿门，能寻其义以言古文者唯刘申叔，他皆无与于此事"。而刘氏亦特重《周官古注》及《礼经旧说》二书，尝言："二书之成，古学庶有根柢，不可以动摇也。"是最能代表刘氏后期学术者莫过于二书，故刘氏曾录为清本付黄季刚，以谋刊出。季刚为刘氏晚年拜门弟子，先君在金陵时曾闻季刚谈及。然季刚毕生未能完成师命，而季刚死后，且此清本亦下落不明。致南桂馨 1936 年刊《刘申叔先生遗书》时，百寻不得，不得已乃以残稿付排。惜哉！惜哉！以世之论刘氏学者多不明刘氏早期后期之变及其转变之由，故据先君所言略述之。

刘氏世传《左传》，自文淇公始创《左传旧注疏证》，经松崖至恭甫三世未成。恭甫死时仅写至襄公四年，刘先虽有志继成，然以英年早逝，只作过一些劄记，所遗《疏证》手稿不过三数页，学林深以为憾。1961 年中华书局所印即据此未完稿。1989 春，北京语言学院盛成教授因避九十寿辰来蓉。盛老与申叔同乡，勤工俭学留法，前后侨居法国二十余年，世界著名法语文学家、诗人，曾以其法文作品之思想精深及文字优美，获法国总统密特朗授予"荣誉军团骑士勋章"（法兰西最高荣誉勋章），曾在支那内学院从欧阳竟无大师学儒，并从柳诒徵先生学国学，尝任国内外多所大学教授，亦先君老友。来蓉后，召默相见，在询问先君别离情况后，特别告诉我先君生前很关心刘家这部书——《左传旧注疏证》，现在已有人把它续成了。盛老这样不忘亡友关心之事而以转告其子，诚所谓古之人难得之士也。现在又已过了十多年，不知此书出版没有？也不知续写的水平怎样。

二、南京支那内学院师友

1913 年下半年，先君已在成渝两地教中学有年，作《经学导言》后，南走吴越，将以探索同光以来经学之演变，适逢其时江南军阀混战，故老潜遁，道路不通，无以访谒，乃入南京支那内学院从宜黄欧阳竟无大师肄唯识法相之学。先君入院甫及半年，就在研究会上提出《中国禅学考》的论文，辨禅宗二十八祖之说不可据，并析今禅（六祖以后者）与古禅（六祖以前者）之不同，大师见之颇感怡悦，即以刊于《内学》第一辑。后先君又作《唯识新罗学》，论玄奘以后唯识之学，分为窥基、园测二派，窥基之说盛于中土，园测之学行于新罗。详究其义则园测同于奘师之后说，且更远承西土论师最胜子之义，虽与基师不同，然亦渊源有自，但以书佚学绝，沉霾莫显。此文乃掇拾测师及新罗诸师坠文，述其遗旨。欧阳大师固以弘扬唯识之学为职志，得见于基师之外当有此一派之学可考，深为赞赏。先君读《后汉书·刘陶传》，颇欣羡其所作“匡老、反韩，复孟轲”之论，曾与大师谈及，师即以此名先君书斋，并为书一横幅曰“匡老反韩复孟室”，此实先君一生治学之鹄的，惜此横幅及大师所书对联、往来书翰并于土改中失之。先君故习经学，宗今文；大师则今文大师皮锡瑞弟子；先君少治理学，师皂江曾学传，而曾先生固以象山之学为教者；而欧阳大师旧亦尝专治陆王；故先君与大师论儒学亦颇能相契。欧阳尝鼓励先君写一“中国哲学史”，先君以兹事体大而未果行。

1937 年抗日战争爆发，大师暨内院皆迁蜀，居江津。此后大师颇重儒学，意在贯通孔佛。尝作《中庸传》，寄先君油印本，附函曰:“孔佛通，通于此册，渐非七十之年不能说是，幸毋忽之，一字一句，皆有根本。孔书本孔，不牵于佛，解经家法，法尔如是，唯我文通，始足与谈。孔学聊发其端，大事无量，甚望我弟继志述事。奈何经年不遗我一字。”翌年，《传》定稿，雕板后又寄先君，并函云:“《中庸传》改好刻竣，先寄此，此唯我弟能知。个中人谈个中事，欲其速达也。数年不见，又改就蓉事，何时西窗烛，共作刻入谈。余老矣，风烛残年，半空霹雳，精神肌肉，与境夺尽，全恃观行一丝九鼎，继续大难，德孤邻寡，亦可悲矣。”于此可见大师于门人弟子挚爱之深、期望之切。《孔学杂著》载大师仙逝前 22 日复先君论孔学一函，提出研究孔学“最胜极最胜三事:第一，道定于一尊；第二，学得其根本；第三，研究必革命”。一尊谓孔佛理义同一，根本谓性道文章，革命则在尚志，要发菩提心，超祖越佛，干云直上。是为大师绝笔之作，吕秋逸（澂）先生曾言此翰最能代表大师思想。此岂所谓“共作刻入谈”者耶!

大师虽专志弘佛，然于家国民族世事亦极关心，“九·一八”日本侵占东三省后，国难日亟，心急如焚，时先君适在金陵，奉大师命去沪联系马相伯，去苏州联系章太炎，二老皆但唏嘘感叹，徒呼负负；大师于此，亦无如何也。嗣上海“一·二八”事件发生，大师曾电召从学之盛成先生参加十九路军淞沪战役，盛先生有《从军记》纪其事。1937 年夏，大师于金陵会门人讲晚年定论，先君与汤用彤、梁漱溟皆南下参加，旋卢沟桥事变爆发，大师义愤填膺，慷慨陈词，引发全场群情激愤，热血沸腾，于是菩提道

场遂变成抗日救亡会场，其感人之深如此。

吕秋逸先生为欧阳大师早期弟子，最为大师所赏识，尝以鹙子称之。鹙子为释迦十大弟子之一，舍利佛之意译，被誉为智慧第一者，其受推重之情可知。先君入内院时，吕先生已为导师之一，先君虽较先生长二岁，亦受业为弟子。先君与内院诸友谈及吕时必称先生，其受弟子之敬重如此。初，北京大学来聘先生前往任教，大师闻之，勃然大怒，拍桌骂道："尔翅膀长硬了，想离我他去了。"乃罢，于是北大改聘熊十力先生。大师之所以不放先生者，显因先生是大师办内院的得力助手，且将留之以继承其弘教事业者。先生从此不再提他去之事，其后亦果不负大师期望，大师1943年逝世后，将内院一直维持到1952年乃停办，盖迫于大势所趋，不得不停也。

大师弟子黄忏华尝言："师于同人亲若家人父子，常以豪杰相期许，谓非超群绝伦人不能甘此淡泊生涯，销声穷巷，铲迹萧斋，治出世间学也。"故大师于门人虽要求严格，但对具体情况，还是颇能体谅的。如熊十力先生，亦大师弟子，常住内院。根据规定院中伙食自来素食，不仅不食肉类，即葱蒜等五辛亦在禁食之列。但熊先生当时患严重遗精病，不仅经常熬中药，而且还要炖乌龟，大师虽然知道，但却装着不知，任他吃去。而熊先生也安之不疑。盖师生之相知亦深也。

熊先生耿介豪爽，长先君九岁，入内院亦较先君为早，然自相识以来相处甚洽。先君尝言：熊认为先君最懂得他的学问。钱穆先生《师友杂忆》载：30年代在北平时，汤用彤、钱、熊及先君四人时时相聚，而先君与熊每言佛学必相驳难，自佛学转入宋明理学，又必相争。想来正是在这样的时时争辩中增加了相互了解，因而先生晚年独居沪上感到孤寂时曾致函先君言：“吾已衰年，际荄兹之佳会，念平生寡交游而式好无尤，文通要为二三知己中之最，别来忽忽十余年，再见焉知何日？上京孤寄，暮境无谈心之侣，风辰月夕，一旦悲来，愿挟慧日以西沉，何恋浮生于刹顷。然先圣之灵若警余于梦睡中，厌舍非大乘之根器，天下有道，丘不与易也……”先君之所以被称为“二三知己中之最”，可能也正是由于最懂他的学问吧！但先君认为：“无论是讲佛，或者是讲儒，我和熊先生还是不同的。”这也可能就是经常发生争辩的缘由。且先君除佛学、理学而外，又兼治史，1942 年，先君写了一篇《从社会制度及政治制度论〈周官〉成书年代》一文，载《图书集刊》创刊号。从史学的观点，认为《周官》的制度是彻助并行、国野异制的制度；是周人为统治阶级居于国中，而殷人为被统治阶级放逐于野的制度；故野人不得为甲士，不为设学校，不得参与外朝之议，是贵贱悬绝的制度，事至惨刻不足取。时熊先生在乐山复性书院任教，见得此文，大不以为然，作一长函致先君相与辩难，先君以之刊于《图书集刊》第二期。余曾问为何不附答辩而迳刊熊文，先君莞尔而笑曰：“熊先生不搞史学，而以《周官》为圣人之经，其言宜然，我的观点已详前文，读者自能判断。”熊先生字如其人，豪放不羁，书翰常用他人来函翻面疾书，且附以红笔圈点，故先君一般不迳复函。1963 年，先君去京出席中科院哲学社会科学部扩大会，住民族饭店，会毕自饭店迁出，适先生来京出席政协会，亦住民族饭店，在报到处相遇，匆匆数语而别，先君戏谓先生曰：“君尚未死。”不期此言竟为永诀之谶语，1968 年先生与先君均卒于“文革”中。

汤用彤（锡予）先生，亦先君内学院听讲之友，且为诸友朋中相契之最笃者。但据我所知，自抗日战争开始至汤去世，未见二老通信。但自解放以后，先君每至北京开会，皆必前去看望先生。虽当时先生已是中风之后，每去必作竟日之游。1957年，先君去青岛休养，甚至竟函约先生亦去青岛小住。当然，没能如愿。1959年，我到中科院历史研究所工作，先君特别嘱咐必到燕南园去看望先生。只因我对思想史毫无素养，没能经常去请益。我常想，二老平时既鲜通信，为何在相见时总是畅谈终日？后来我读到汤老《往日杂稿》中论当日学风的文章，感到汤老文中所论与平日之聆听于先君者若合符节，乃悟二老之两心相契，非同一般，其相交之笃固以论学相协也。先君去世后，清理遗物时，于汤著《魏晋玄学论稿》中挟有先君致汤老信函一纸，不论此函当时是否已发，皆足以明二老相交之笃，及先君于汤老学术之优柔餍饫也。特录之如下：

锡予老兄：弟来青岛二日，此间自极凉爽，又非常静谧，兄能来此小住甚佳。途中留心火车，震动实不如汽车之甚，弟曾试用毛毯作枕，取其既厚又软，卧时比坐时更安定，如车行稍急时，仰卧比之侧卧又更安稳。颉刚夫妇亦在此。读大著《魏晋玄学论稿》，体大思精，分析入微，实魏晋以后未有之奇书。论诸家异同，如辩淄渑，于古人思想体系和造诣，论之极深，于各家学术问题范围，所论亦广。为此艰深之思，而后知兄之病有必然者。读论首小引，自以于兄拟作未作诸章，不免小憾，但读及一半，然后知未作各章实不宜续作。倘读得此书明了者，也可以补作。不过能有几人读得此书明白亲切。弟以略于王弼《老子注》校雠有年，读大著时稍知每造一句、每下一字，都有来历，此于精熟古书而后能之。必先于魏晋学术语言有所体会，才能辨识古人思想，苟于这许多名词不习惯、无体会，就不能读此书（这也要下三数年工夫）。这也几等于学一种别国文字，以此知能了解大著者必不会多。治周秦魏晋宋明哲学之不易，应该都是首先难在当时用语这一点，即是当时语言词汇之不易了解，非真积力久，不能洞悉当时语言所指之内容含义。也可说，懂得名词已经懂得思想了。或者老兄此时以随便写笔记为宜，也不必自己写，但由助手作语录那样就够了，老兄以为何如？弟在此和贺昌群谈到向觉明在科学院的发言，在近来很多反击右派文字中，向公应有所警觉，最好老兄劝他自己检查或检讨一次何如？

　　肃候　著祺

弟蒙文通上

7.17

先君以汤先生之荐，于1933年始任教于北京大学，时钱穆先生亦在北大，三人相交甚笃，时相聚谈于中山公园之来今雨轩，时人有“岁寒三友”之誉，“钱先生的高明，汤先生的沉潜，蒙先生的汪洋恣肆，都是了不起的大学问家”。（李埏：《劳年从游之乐，今日终无之痛》，载《钱穆纪念文集》）但三人作风也不完全相同，汤先生淳然学者，不谈政治，先君虽谈政治而不写政论文章，钱先生则既谈又写。据传云：1948年北平将解放时，胡适、

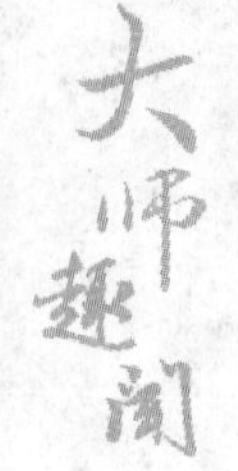

傅斯年等大力拉汤南逃，汤对党的政策当时还不甚了解，有些动摇，时钱正在无锡江南大学，汤南至无锡问计于钱，钱答以：君为纯粹学者，此世人所共知，共产党来，不办大学则已，如办大学，君必在招揽之列。胡适、傅斯年政客者流最不可信，不当相从。如我，则与君不同，非走不可。汤遂复返北平。是汤之不南走，钱先生与有力焉。而钱先生则果自无锡南下广州而去香港，更于1967年去台北。钱尝言："我离家亦出不得已。"盖实情也。

三、齐鲁大学国学研究所诸友

1937年日本大举侵略我国后，很多大学内迁，齐鲁大学自山东迁蓉，住华西坝，为华西坝五大学之一。1939年顾颉刚先生向美国哈佛燕京学社商得一笔专款，在齐大重建了国学研究所，顾先生又请钱穆先生和胡厚宣先生来所任研究员。当时所址在成都北郊二十里崇义桥赖家院子，赖院为一大地主住宅，由所租用，庭院宽广，竹木花卉，盘绕其间，颇为幽静，顾先生又在蓉搜购图书四万余册，就国学研究而言，已可说是够使用了。研究人员食宿皆在所中，成都物价便宜，生活方便。就当时情况说，可算是作研究工作的一个好地方。先君于1940年夏来成都长四川省图书馆后，因先慈及弟妹皆已于1938年避敌空袭返回盐亭乡间，先君只身独处，常于星期六去赖家院与老友相聚，星期日下午复返城内。时研究所有十来个人，例于星期六下午开学术座谈会，除一人为中心发言须做准备外，余皆自由发言，先君亦常应邀参加，且喜发言，亦乐与诸青年交往，故当时所中诸研究生皆以师视之。我80年代初至贵阳，与贵阳师院历史系周春元教授相遇，周自称先君学生，问在何校，即以研究所情况相告。后至昆明，云大李为蘅教授亦称先君学生，问在何地？答同周君。后又遇南充师院李耀先教授亦情同周、李，称先君弟子。胡厚宣先生《甲骨学商史论丛》不少文章是在研究所时所写，而且该书也是由哈佛燕京学社资助出版的。先叔思明时任教华西大学，亦曾前往作住所研究，叔所著《魏晋南北朝的社会》当即写于此时。顾先生《当代中国史学》一书中曾说："蒙思明先生对中古社会经济史亦很有研究，所著有《元朝的社会阶级制度》，最近又完成了《魏晋南北朝的社会》一书，精审详博，较前书尤善。"顾先生曾看过这部稿子，深为赞赏，并为介绍交商务出版；时华西大学文学院长罗忠恕正创组"中西文化学社"，请以该书作为"中西文化丛书"之一，先叔即以该稿付罗。后叔去美留学，此书竟未出版。解放初，叔回国，问罗，则该书稿已不知下落了。对他人劳动成果竟如此不负责任，实为少见。研究所当时办有两个杂志，一是《责善半月刊》，一是《齐鲁大学国学季刊》，前者所载皆为短文，后者所载则为长文，都有一些高质量的作品。顾先生的《浪口村随笔》、钱先生的《思亲疆学室读书记》、胡先生的《商史论丛》，都各登载了一些。但因物价飞涨，前者只出了四十八期，后者只出了两期，便不得不停刊了。1941 年夏顾先生去重庆办《文史杂志》，研究所由钱先生主持，但到 1943 年，因经费无著，研究所也不得不停办了。研究所停办后，胡先生专任齐大教授，钱先生改任华西大学教授，后四川大学又来聘，先生遂兼二校课，且自赖家院移住华西坝"中西文化学社"内，而诸研究生则各奔前程了。齐大国学研究所虽然存在的时间不长，但也为国家培养了一些人才。严耕望要算是最拔尖的，后来当了台湾中央研究院的院士。

钱先生是先君挚友中先订交而后谋面者。订交大概是在1924—1925年先君任教重庆二女师时，而见面则在1929年。时先君去南京支那内学院赴师门五年之约，遂留教于中央大学，是冬去苏州访钱，二人同游灵岩山及太湖滨之邓尉，数日之间，俯仰湖山，畅谈古今，先生出示所著《先秦诸子系年》，先君大赞之，钱先生《师友杂忆》已予详记。30年代初，二人又同教于北京大学，先生以《诸子系年》教授，后谋出版，索序于先君，先君以该书体大思精，当得一佳序，但须重读书稿方能着笔，须三四月时间乃可，而时以他事不暇，遂婉言谢之。后先生至成都，适先君长省图书馆，为先生用书之便，命馆中派人经常联系送书。嗣先慈来蓉，亦家华西坝，二老偶相过从，谈笑甚欢，而余时正读中学，虽颇亲謦欬，但不解所语云何。但忆先君常以先生自学成才之事相勉。谓先生先世家固巨富，迄先生出世，家已衰败，读书仅至中学而止，嗣即任乡村小学教员，闲时颇好象棋，艺且卓尔不群，一日忽念及：毕生岂可似此教教小学、下下象棋而已乎？遂下决心戒棋而从事苦读。于是学问不断进步，由教小学而教中学，而教大学，终成名教授，皆苦读之功也。这事给我深刻的印象，颇向往之。抗战胜利，先生于1946年返苏州，后任江南大学文学院长，曾函邀先君去无锡，先君以亲老多病、家口众多、旅途不便，谢之。先生后至香港，初时犹有来信，西南解放，音讯遂绝。

春风化雨忆师门

郭毅生

当前科教兴国之际，“尊重知识，尊重人才”逐渐深入人心，在某种程度上成为社会舆论的共识。老师们、专家学者们的精神和物质生活面貌，都勿庸讳言地产生了重大变化。晴空爽朗，鸢飞于天，给人的感觉是舒畅的！

此时此刻，我不由地怀念起已逝去的老一辈的教授、专家们，他们多是文法学院、传授文史哲经诸专门知识的大学者，但他们的遭遇却远不是愉快的。有人受到冤屈，更有人含恨于九泉！每想到自己受恩深重于先师们，便心潮难平，我终于写出了下面这些篇什。文拙意诚，读者可以从篇里叙述的往事中，看到前辈专家学者的懿范和高风亮节！

孟森教授与吴晗的忘年交，在学林传为佳话，这里只写了他们上北京图书馆的一个片段；马寅初和吴玉章作为教育家，事绩繁多，本文单列其重视体育的特点；胡适应该如何评论，本文只叙几件具体的事，留待高明；白寿彝先生重史德、翁独健先生贵友谊，是我亲自体验，弥足珍贵！王明与杨献珍为众所周知，但我所记叙的两事，却是他书所未载的珍闻；朱光潜、贺麟与雷海宗等教授，我只是浮光掠影数笔，殊觉惭愧！罗尔纲先生是我业师，前已另有详文，故此只叙一两事。还有尚钺教授是我研究生时的老师，傅乐焕教授是我到中央民族学院工作时结识的，谊在师友之间，但我们情谊深厚，不能忘怀！

孟森教授与吴晗的忘年交

20 世纪 30 年代初，北京北海西邻，文津街东端一座蓝色琉璃瓦饰顶、雍容大雅的建筑群落成了，这便是著名的北京图书馆。国家的许多珍本秘笈，诸如元代《经世大典》、《明实录》、清故宫档案和仅存的名人笔记、日记等都有了安居之所。

此后不久，北京图书馆又不惜重金，购进了朝鲜《李朝实录》。这是关于朝鲜近古史的珍贵资料，为政治和学术界所重视。从此，几乎每天八点前后，总有一位七旬老翁，夹着笔记簿，从北京大学沙滩宿舍出门西行，走过团城，直进图书馆。这便是到善本部阅览《李朝实录》的中国著名明清史专家孟森教授。与此同时，从府右街西面常常有一位二十多岁的青年迎着初升的朝阳，也转进了这崭新的图书馆，他也是来借览和抄录《李朝实录》的。这青年是清华园的研究生，浙江省义乌人氏——吴晗。

这一老一少，每天或是在馆门前台阶上相遇，或是在借书台前碰面，渐渐由路人变成了朋友，特别是他们同阅一套书，真正成了“奇文共欣赏，疑义相与析”，两人关系越来越亲密。孟老惊讶地发现：眼前这青年，不仅文史功底好，英语水平不低，而且热情豪爽，肝胆照人。吴晗对老人执弟子礼，孟老先生更是白发童心，最终说道：“我们是忘年交！”

我读北大晚，没赶上师从孟森先生，但我拜读他的《明、元清系通纪》，高山仰之，令人钦佩之至。他博学而识之，往往能发前人之所未发。我至今也不能忘记他在该书中一句明睿的学术论断："凤州即开元，（后）金于虚出（阿哈出）所居也。"百年来，许多研究清朝开国史的学者都念过这段，也许是出于对历史地理学的陌生，竟误指开元为开原，把凤州当作奉州。这个错误，竟把满族始祖发祥地的绥芬河改变为辉发河，结果谬之千里。

吴晗治学勤苦，又承胡适与孟森先生诸前辈的指授，故在学术上的开拓，既广且深。

马寅初、吴玉章两校长重视体育

马寅初校长是浙江嵊县人，诞生于1882年，逝世于1982年，松龄鹤寿。他少时即好学敏求，后入北洋大学，明辨而多思。他留学美国，获哥伦比亚大学的哲学博士和经济学博士，故有人称他"双料博士"。他的名著《新人口论》，超脱于马尔萨斯的时代局限，为新中国人口素质的提高和计划生育，作出了卓越的理论贡献。他虽然被误解，遭批判，但他本着对科学的良知和热爱祖国的赤诚，坚持自己的学说，他终于被证明是正确的。

马老于五四时期任北京大学教务长，抗战时期因抨击国民党的贪污腐败，曾被关押于集中营。出狱后执教于重庆大学。中华人民共和国成立后，他于1951年出任新北大的第一届校长。

马寅初执掌北大时，已晋七旬之年，可是他精力充沛，有一种爽朗乐观的气度感染人。他很爱护和关心学生，记得他一次给我们讲话，从治学为人到身体健康，谆谆告诫。他说："你们不愿做东亚病夫吧！要做东方的雄鹰和雄狮：要天天锻炼。我赞成你们每天下午都锻炼一小时。”陪同马老的秘书从旁插话道：“马老每天早起，洗漱后就去爬景山，从不间断。”我们听了颇受启发，也感到惭愧。因为当年北大的学生，“夜猫子”居多，晚上“开夜车”，养成早起锻炼的习惯是很不容易的。

吴玉章校长（1879—1966）是四川荣县人，他是孙中山创立的同盟会的重要成员，辛亥革命后又接受马克思主义。在将近花甲之年，他毅然参加红军两万五千里长征，若非有坚贞的革命意志和坚强的体魄，是难以战胜困难的。新中国建立后，他任中国人民大学第一任校长。

吴校长爱护教师和学生的佳话很多。有一次他到西郊人民大学的年轻教师宿舍看视，那时条件简陋，吴老说：“保护老师们的眼睛重要啊！”他立即责成后勤部门为每位老师配一座台灯，换一个写字台，买一把软座垫的椅子。这在50年代初，是近乎豪华和阔绰的了。人民大学落实了吴老的指示，给首都其他高校作出了表率。

当时，我在人大作研究生，一个深秋的傍晚，七旬开外的吴老到铁狮子胡同一号来给我们讲话，搬给他的藤椅不坐，站着讲了近两个小时。他还对坐在“马札”上听讲的同学说：今晚天气凉了，你们行吗？我是行的。你们要锻炼身体，因为“身体是革命的本钱”。这时我们才注意到，他穿的比我们年轻人还单薄。

白寿彝重史德　翁独健贵友谊

在那乾坤颠倒、是非混淆的“文革”十年间，“四人帮”到处煽风点火，蛊惑人心，所谓的“评法批儒”，便是其罪恶之一例。

在“评法批儒”的高潮中，中国历史博物馆奉命举办一个关于“评法批儒”的展览。预展时，请了些历史学家审看，白寿彝先生被邀，我也忝列其中。那时言路阻塞，动辄得咎，好些人看过展览，明哲保身，讷讷不敢言。白寿彝先生却不然，他既有睿智，更有铮铮硬骨。审看时，白先生便很认真，对解说词一一过目（我是看民族部分），特别是在孔子和秦始皇的画像和解说词下，他驻足细看，并当场向陪同的馆领导提出不同看法。座谈时，白先生诚恳地认真地说：“历史博物馆要把真实的历史告诉人民。孔子是儒家老祖宗，他有不好，然而他在教育上、文化上和思想上给中国留下了丰富的遗产；秦始皇的解说词，只说了他的伟大功绩，对他的过错却不置一词，这样不恰当。他焚书坑儒，尽人皆知，还有别的问题，也该指出来。”白先生这一席话，真是金玉良言。不仅馆领导感谢之至，我在旁也受到教育。

中国的史学传统，有秉笔直书的董狐，也有曲笔阿时的魏收。章学诚在《文史通义》书中，立“史德”篇，主张“善善而恶恶，褒正而嫉邪”。如白寿彝先生者，刚正不阿，给后人留下了史德的范例。

翁独健先生在燕京大学时与地理学家侯仁之是好朋友。“文革”中，“四人帮”组织名为“梁效”的写作班子，想把侯先生拉进去。翁先生有所耳闻，便约侯先生到南池子家中相叙。他说道：“四川新发现的大足石刻很有价值，你抓紧去看看；云南气候好，又有元谋人的遗址可考查，你何不一路走走，去看看。”侯先生是个聪明人，回去品味翁先生的话，便心领神会，不日就西行入蜀，躲过了牵连，躲过了一场劫难。

听王明讲婚姻法、杨献珍讲哲学

蔡元培在北京大学倡导学术自由、兼容并包，传为佳话。其实，新中国成立之初，北大也常设讲台，邀各界学者或中外政要来讲演。我们自愿参加，并非组织安排。

记得婚姻法公布不久，北大学生会请鼎鼎大名的王明来讲婚姻法有关问题，地点在红楼北边的民主广场。那天下午，我在楼内资料室查书，只听得窗外不时爆发阵阵掌声和欢笑声，便被吸引而坐到窗口去听。越听越有味，便弃卷洗耳恭听下去。我扫视偌大的万人广场上，不仅本校许多人听，还有邻近单位来的。对面是灰楼，也有许多人打开窗户听。民主广场东边是一道矮墙，墙外便是北河沿街道。我看见街上骑自行车的、拉黄包车的，不少人停了下来，在街边静立凝神地听。王明口若悬河，讲了足有三个小时，我们听得很投入。可惜那时没有录音，若录下这篇生动的讲演来，便也很有意思了。

杨献珍在 50 年代曾任中央党校的校长，是著名的马克思主义哲学家。中国人民大学请他给研究生讲辩证唯物主义，我怀着敬仰的心情，跑去一睹丰采。献珍同志讲课深入浅出，能把抽象的哲学概念，以具体生动的形象表达出来。我记得他讲“无的放矢”时，便比喻说：“用机关枪扫射垂杨柳，噼哩啪啦扫一通，柳树叶掉落满地，什么问题也没有解决。”全场听罢顿形活跃，对其含义也心领神会了。只因听了献珍一次讲话，在他为“合二而一”被批判时，我远隔门墙，不知他境遇何如，空怀怅惘。

朱光潜、朱庆永与贺麟三教授的谦逊

朱光潜先生的《给青年的十二封信》，在我们中学时代，是与冰心的《寄小读者》同样受到推崇的。抗战八年时，朱光潜先生与武汉大学一块儿迁到四川乐山县，与乌尤寺旁的临江大佛隔岸而居。我那时在乐山念武大附属高中，对朱教授十分敬仰。也许自己是农村孩子的缘故，却不曾想到去闯府拜谒。稍后，胡适出任北京大学校长，聘请朱先生任北大西语系教授。我于1948年考入北大，虽专业是历史学，但有兴趣于外语，便选修了朱光潜先生的“英诗赏析”这门课，每周可以聆听教言，增进了阅读和欣赏的能力。

朱光潜先生个子不高，身体显得有些单薄，但精神却很好。他上课从不晚到，讲授内容丰富，态度很认真，特别是对本系学生要求很严格。对外系学生则不常提问，使我只感到亲切而不感到压力。一次，课间休息时，我特地向朱先生问好，他听出我川西的口音，便亲切地说：“四川是好地方，乐山更好。乐山兼有山、水、平原之胜，我很怀念在那里的岁月。”北大迁到燕园以后，我曾回母校见到过朱光潜先生。但经过历次思想改造和对他美学的批判后，老教授显得颜色憔悴，意绪萧然。后来他逝世了，我也未能去吊唁。而今思之，不禁怆然憾然！

朱庆永先生原是辅仁大学的教授。1951年院系调整，合并来北大。他仪容伟岸，广额方颐，但面带微笑，令人亲敬。那时，教授罕有访问学生宿舍，但朱庆永先生在下午无课时，深入到东华门东北侧的三院宿舍来看我们，他娓娓而谈，没有一点教授的架子。我曾去过不少教授之家，但教授到学生宿舍探视，这却是我第一次亲历。

贺麟先生是北大哲学系的教授，是中国通晓黑格尔辩证法的老专家。他虽然在当时学问和地位都很显赫，为人却十分谦逊。记得一次见他接电话：他从座位站起来，很礼貌地敬问道：“您是哪一位？”对方通报姓名后，说要找他。他于是谦抑地回答道：“我姓贺，有什么事需要我去办么？”当听完对方的叙述，结束谈话时，他仍然站着，等对方挂断电话后，他这才放下听筒。孔子说：“临事必敬”，我知之而未详，是贺先生所为，使我懂得了这句话的真谛。

“学问如海　士林所宗”的雷海宗先生

雷海宗先生并不是我的业师和指导老师。他执教于清华，北大历史系聘请他做兼任教授，主讲中世纪世界史。我是慕名趋前听课者之一。他的课深深地吸引了我，打动了我，使至今已届七十之年的我不能忘怀。雷海宗先生讲课不仅内容丰富，且妙趣横生，循循善诱。

记得当年夏令时节，听课学生往往疲倦发困。有的先生或大声警示，或掷小粉笔头告诫，雷先生则不然，他往往忽出妙语，使大家精神为之一振，活跃起来。记得一次他忽地问道：“你们谁是江南人氏？给我对个对联何如？”随即说上联曰：“无锡锡山山无锡”。全堂哑然，雷先生随即说出下联：“平湖湖水水平湖”。待大家提起精气神儿，连称妙对时，雷先生转入正题了。我后来在大学当老师，时常想着如何使课堂气氛严肃与轻松兼而有之，让学生有张有弛，悠游涵泳，应该说，是雷先生的启示。

西欧的中世纪，被称为DarkAge，意即“黑暗时代”。当长安的唐代文明光华璀璨之际，欧洲却沉睡着。雷先生在讲西欧这近千年的寂寞时，把罗马教廷与诸侯王国的矛盾斗争，讲得生动而引人入胜。雷先生讲德意志国王亨利四世与教皇格列高里七世尖锐斗争故事时的神态，至今还历历在目。

雷先生讲意大利文艺复兴和人文主义的勃起，让我们认识到：人不是皇权和教权的奴隶，人是独立的，属于自己的。文艺复兴就是思想解放。欧洲的近代文明，便奠基于此，开始于兹。

金毓黻与罗尔纲先生佳惠学林

金毓黻先生是我在北大时的老师。他曾执教于东北大学，在日寇侵凌之际，他撰著《东北通史》，以笔作刀枪，舒发爱国抗日的胸怀。继而，他又编纂卷帙浩繁的《辽海丛书》，哺育了广大的东北学人。该丛书收录了许多珍本秘笈，其中便有金代官员王寂撰写的《辽东行部志》。金先生知道，王寂还撰有另一书，便是《鸭绿江行部志》，但抄本无多，仅知有一部在北京某先生之手。于是他多次恳请为之付梓并致酬，但终未得实现。

金先生的精神深深地感动了我。20世纪60年代中期，我因研究东北边疆问题，曾多次考察白山黑水，并访书于长春、大连和辽宁的图书馆。在寂寞辛劳的查阅访求中，偶然获得了《鸭绿江行部志》的手抄本，我不禁欣喜若狂。为完成先师遗愿，便将新获得的抄本，给辽宁图书馆另抄一份，并告有关人士。使新版的《辽海丛书》，少却了一个遗憾。

罗尔纲先生与金先生南北辉映，堪称学界双璧。两人除了潜心著作，还编纂大宗资料，以泽后学。罗先生在50年代，长期埋头在南京图书馆，搜求太平天国史料。他将十年“坐冷板凳”所获的珍贵史料，编辑整理出来，陆续出版。他又考虑到出版周期太长，便从1200万字资料中精选100万字，尽先出版，这便是60年代初问世的《太平天国史料丛编简辑》。这六册“简辑”像春雨一样，浇沃了中青年太平天国史研究者，使他们茂然茁长，卓然出群。罗尔纲功莫大焉！

我至今还记得：在《太平天国史料丛编简辑》中有一份《皖樵纪实》的珍本。罗先生曾告诉我，这是他当年访得的孤本，由罗师母帮助他，用夜间儿女安睡的时间，在青灯如豆的暗淡光线下，一字一句抄出来的。罗老很感激夫人襄助深情，也深爱这份珍贵的抄本。但为使此书垂诸久远，泽被后学，他无私地捐献出来了。

胡适先生二三事

胡适先生（1891—1962）是安徽省绩溪县人，“五四”新文化运动的倡导者。民主与科学的鼓吹者，现代诗人，文史兼擅的学者和教育家，曾任北京大学校长和台湾中央研究院院长。

1917年夏，胡适应蔡元培校长的聘请，从纽约回国任北京大学哲学教授，后接任文学院院长。在此期间，有一名曾在北大工作过，旋又赴美留学的青年林语堂，从洛杉矶越洋给北大来信，请求借给他大洋两千元，以济求学和食宿的匮乏。此事给校方出了个难题，一是尚无此例，二是银洋两千并非小数额，款从何出，谁能保证归还？因之，这事便搁置了。但奇怪的是，不久之后，林语堂却收到自北京汇来的两千元，这使他感激之至，念念不能忘。若干年后，林语堂出息了，回到北京大学访问，他找到校方归还借款，但校方会计上“查无此账”。后又几经访询，才得知是当年胡适教授拿自己几个月薪金中攒下的钱，给他寄去的。此事，林语堂终身铭记，他在《八十自述》中，特地叙述了这件事。

胡适爱才，喜欢与青年人交往。当他看过吴晗论西汉经济的文章和《胡应麟年谱》后，便约见吴晗，给予帮助。吴晗报考北大，便有投师拜门的因素。他考试成绩很突出，文史和英语各一百分，数学却是零分，按北大规定，考生若有一门零分，就不得录取。胡适很为之惋惜，便鼓励吴晗去考清华。考试结果也和考北大一样，双百分和数学零分。不过清华没有硬性规定不取。于是，胡适便热忱地给清华历史系主任蒋廷黻写推荐信，吴晗便成了清华园的学生。吴晗家贫困，学费和食宿无着。胡适又亲笔写信给清华代校长翁文灏等人。给吴晗谋得一份月薪25元的兼职。谚云:“送佛送到西天，善哉！”

抗日战争胜利后，胡适出任北京大学校长。那时国民党政府贪污腐败，金融风潮迭起，物价飞涨。北京大学的经费拮据。寅吃卯粮，学生们反饥饿、反内战，时常上街游行，时常去胡适居住的东厂胡同请愿，或到他们办公的孑民堂东院质问。他虽已年近花甲，但还是亲自接见学生，总是面带笑容地回答问题。记得一次我们为“困难补助金”不够用找他去，他当场便对秘书长郑天挺说道:“昨天向故宫博物院借来的四百现洋还在吗？先给同学发补助金，我再想办法。”回忆当时在北大读书，伙食虽然不好，但学生都不用向家中催钱，我们叫“吃公费”。这与胡适的争取和筹措是分不开的。

另外，他爱护学生，也保护学生。在反内战、反饥饿等进步学生运动中；反动的特务和军警机关到处抓人，北京大学坚决拒绝了反动派到校内搜查和抓人。这未尝没有胡适的一份劳绩在其间！

尚钺老师的耿介

尚钺教授是我做研究生时的老师，而今相距五十载，他老人家墓木已拱，然而师恩高厚，令人无限感怀。

尚钺既是一位学者，又是一名忠诚于马克思主义的革命者。他培养了八十余名研究生，分布在岭南、塞北和中原地区各文教、科学、政治战线上。他还有些国际学生，金日成访华忘不了去看望他，以叙当年在吉林中学的师生情；他很早就倾向进步和投身革命。还在 20 世纪的 20 年代初，他在北京大学攻读时，就发表了《斧背》等抨击时局的作品，为鲁迅所重视。他在 1927 年大革命失败的白色恐怖下，毅然加入了中国共产党。从此将生命交给党的事业，坐牢犯险，无怨无悔。直到天安门的礼炮宣布人民共和国的成立。他才舒心地到中国人民大学重操粉笔生涯以历史学教授知名于北京。

尚钺老师在中国历史分期问题上，是魏、晋封建论的主倡者，他在撰著出版的《中国历史纲要》一书中，便简明地力陈此说。然而，当时史学界的主流派是西周封建论，而且有范老、郭老两位泰斗坐镇在中军帐，兵多将广，阵容和声势远非尚钺孤军所能匹敌。那时我们几个研究生尚未出道，王忍之和孙长江等撰写了一篇长文发表，批评西周封建论，我则刊登了《黄海大战与中国北洋海军》，匡正范著《中国近代史》的失误，虽然得到学术界的首肯，但却无补于尚钺老师挨批判。

在那批判和斗争甚嚣尘上的年月，宽容是没有的，学术讨论是变了味的。尚钺的史学观和对中国历史分期的看法，平心而论，是一家之言，本可以平等对待，何况“双百”方针言犹在耳，岂能转瞬即忘。但是，对尚钺教授的史观却给戴上修正主义的帽子，批判越来越升级，至1959年达到最高潮，成为全国性的。那时，经济学界批判孙冶方，文学界批判巴人，史学界则是批判尚钺。报刊无论地方性的或全国性的。一派口诛笔伐的浪潮，容不得你辩解。尚钺老师赋性耿介。他不服，但何处找人申诉？不服不行呀！

尚钺老师为人忠厚而热情，同志和朋友们有难处，他总是倾尽棉薄，鼎力相助。对学生他十分爱护，要求也很严格。有一次，学生在自习时间打乒乓球，他竟亲手夺过球拍，赶他们回去学习。其情其景，令人称羡。

尚钺老师的文学功底深厚，他给我写的文章修改润色，使我获益匪浅，我偶有佳句出现，他便圈点有加，记得我曾仿李煜后主词“离恨恰如春草，更行更远还生”之句，写青年恋情，有“相思有似流水，愈流愈远愈长”一句，他称赞道好。并将“有似”二字改为“恰似”二字，于是音韵和境界立即高出很多。

怀念傅乐焕先生

傅乐焕教授是中央民族大学历史系的奠基人和主要创始者之一。他培养了许多民族的大学生，并在东北民族史和辽、金史的研究方面，作出了卓越的贡献。他是史坛上一颗明亮耀眼的将星，他的著名专著《四时捺钵考》《宋人使辽语录行程考》等书，内涵丰厚，见地不凡，探微索隐，发前人之所未发，使学术界为之倾服。

傅先生是中国古文化之乡的山东人氏，他出生在大运河畔聊城地方。世代书香的傅家，据称曾以出才子而名噪江乡，然而乐焕先生自幼并不以才名，他好读书却讷讷不多言，写文章和书法都有可观，却谦逊而不愿示人。他考大学时，既考上了清华的物理系，又考上了北大的历史系。当他正为选择学理科抑是学文科而踌躇不决时，他乃叔傅斯年给他拿了个主意："你还是学文科吧！"

傅乐焕读北大师承孟森教授，与张政烺、邓广铭、杨向奎是同班同学。他们四人友谊深厚，毕业后虽各自东西，但往往约会于京华，记得1956年夏，傅先生因杨向奎教授来京开会，特设家宴将几个老同窗都聚到民族大学来相会，那时我年轻，傅先生特地向我介绍他的这三位朋友。其实，张、邓两教授是我的授业老师，只杨向奎先生远在山东大学，这是第一次相见。

傅先生于1947年由美国文化委员会赞助，留学伦敦大学，获得博士学位。新中国建立后，他和冰心、吴文藻先生一样，怀着拳拳报国的赤子心，万里波涛，返回大陆効命。他先在中国科学院考古研究所任研究员，1952年调来中央民族学院研究部，任民族史室主任，他参加筹办民院的历史系。1956年历史系成立，他协助翁独建先生担任历史系的副主任，主持民族史教学。

1958年，傅先生参加并主持了《满族简史》的编著工作。他的学术作风严谨淳朴，纠正当时浮夸不实之风对史志撰写的袭击，使该书避免浮华，力求工稳。他在撰作此书的五年间，多次深入东北满族聚居区，或考查，或进行专题讨论，使该书质量日益臻于完善，举凡满族自古肃慎，隋唐时靺鞨、渤海，至明代女真人之间的发展过程，以及满族的形成与向封建制的发展，清代康、雍、乾三世对中国统一多民族国家所作出的重大贡献等，都作出了可贵的、科学的贡献。

傅先生喜欢访书。他发现了丁守存的《从军日记》，填补了太平军北伐史一段重要空缺。他将此稿本公之于学术界，佳惠学林，堪为大家风范！

冰心、罗尔纲的高寿妙谛

冰心老人生于 1900 年，她曾对我们说："我是本世纪的同龄人。"那年正是八国联军打破北京城，因之，冰心是伴随着祖国的苦难来到这个新世纪的。她仙逝于 1999 年。看到了新中国改革开放的新成果。昔人称"生于忧患，死于安乐"，况且她老人家百岁期颐，九九高寿，真可谓人瑞矣！

冰心是吴文藻教授的夫人。吴先生是中国社会学的首倡者、大师，先后任教于燕京大学和中央民族大学。由于这缘故，冰心便家住民族大院的教授楼，使我们时沐春晖，聆听教言。长时间里，她给人们留下了慈祥宽厚、和霭可亲的深刻印象。她总是以微笑面对人生，以宽容接人待物。她不仅把慈心献给"小读者"，还把释家和儒家的恕道，运用于人世矛盾斗争生活之中。在那荒唐的十年浩劫里，冰心老人已年近古稀，她被令人恐怖的高音喇

叭传唤去挨批斗。她安祥地站在文物室前的台阶上，无怨也无悔；11月初，北京田间收大白菜，她一边帮着码菜，一边接受农民社员的“大批判”……她曾经沧海，渡东瀛，访印度，过重洋，远游欧美。她的心地宽舒，总把眼前的劫难看作是人生中的插曲。所谓“仁者寿”，在冰心老人这里得到了可喜的应验。

冰心与文藻教授于1969年冬，下放到湖北沙洋的“民族五七干校”。她虽然年事已高，但仍然和我们一样，日出而作，日入而息。我这时方知道：她也抽点香烟，喝点小酒。她每天饭后一支烟，一共三支，不多也不少。晚间，她和文藻教授各饮一杯红葡萄酒。香烟以怡情，红酒可促进血液循环。难能可贵的是，她对饮食生活如此有度有节，这是常人所不及的。

罗尔纲先生比冰心小一岁，出生于1901年1月29日，他逝世于1997年5月25日。在中国历代史学家中，是享寿高、著述超过500万字的罕见的学者。

许多人都不曾想到，罗先生自幼至长被宿病缠身，时常受着死亡阴影的威慑。他说：“讲起来令人见笑，我害怕看见棺材。在我那怯弱多病的身心里，常常怀着对死亡的恐怖。”一次，在和罗先生叙谈中，他说胡适针对他这种心态，开导说：“你是见过张菊生（元济）先生的，他青年时候也很多病，因善于保养，所以活到现在70多岁了，身体还很好……有生命自信的人，才会健康的。”经此启发，罗先生时以张元济老为榜样，树立起对健康的信心。他那时在上海的中国公学读书，每天早起锻炼，从吴淞口沿江堤临风跑步，跑累了就驻步远眺帆影波光。江声浩荡，他精神为之振奋，身心皆受益而增强了。

罗先生禀性恬淡，不慕荣利，他一生最大的嗜好便是读书和撰著。他的乐趣和享受即在这里，他解脱尘世烦恼的秘诀也在这里。当“文革”大批判如火如荼之际，他挨完批斗，回家取下牛鬼蛇神的黑牌子，便一头钻进研究太平天国的书房里，这里有他的自由王国，这里是他的乐园！

罗先生的生活很俭朴，衣着无华，一身蓝布中山装，未见穿过西服。他饮食很简单。古贤人“饭蔬食、饮水，乐亦在其中矣”，罗先生便是身体力行者。据我所知，罗先生食品中称得上贵重的只有香菇，因为香菇煮汤作菜，对于治疗他的便秘颇起作用。他日常的食谱总离不开玉米粥、白薯、红枣和青菜。这都是百姓之家的盘餐。他一辈子就享受这点。但他待客很丰厚。我每次去拜望，总受到殷沃的款待。

师庭琐忆

吴宗济

一 “荷塘月色”、“藤影荷声”——忆朱自清、吴宓两师

北京清华大学以前为留美预备学校，校址在西郊的清华园，原为清室园林。其主体建筑为工字厅。其中西花厅有古藤，架高数丈，日影满庭。厅后临池，背山面水，入夏荷花盛开，冬季作为溜冰场。此处风景为校园之冠。我在校六年，几乎每周必到。厅内后壁有小横幅，题曰“藤影荷声之馆”，是音韵学大师黄节的手笔；壁外有石砌月台，上有匾额曰“水木清华”，传为康熙御笔。提起此地，不能不马上想到对我影响最深、过从最密的两位大师：朱自清先生，中国文学系的系主任，我上他《古诗习作》的课；吴宓先生，外国语文系代主任，我上过他的《西洋文学史》的课程。

朱自清先生（号佩弦）向来以白话散文享誉于世，他的《荷塘月色》、《桨声灯影里的秦淮河》、《背影》诸篇，尤脍炙人口，多选入中学语文教材。殊不知他当年在清华所开的课程，竟是古

典的《古诗习作》，这也许是为外界所不大知悉的。1932 年我读该系时，此门为必修。安排的课业，都为汉魏的《古诗十九首》，以及《述怀》、《游仙》、《招隐》；齐梁《乐府》的《子夜》、《吴歌》诸篇，而不选唐宋近体。我幼年读书还是上家塾，老师是一位三家村的冬烘学究，只会教《唐诗三百首》之类的东西。现在换了口味，很觉得新鲜。朱师要求学生们能学作“拟古”的题材，作为业绩。古诗中的一首《西洲曲》长诗，“声情摇曳而迂回”，我对此尤属心折。原诗五言三十二句，我就用此诗的每句作为首句，广其意而衍成《子夜》体的五绝三十二首，曾为班上传阅。（当时自己还颇得意，同时又跟俞平伯先生学词。现在回顾，这只是词章小道，算不上什么学问）我曾有俚句为记：

‘桨声灯影’说秦淮，‘月色荷塘’仰素怀。

不课散文翻拟古，《西洲》俚句谬相推。

吴宓先生（号雨僧）当时讲授《西洋文学史》，那时学校规定中文系必须选读西洋文学课程（还得选一门自然科学），我选了吴先生的课，作业是每周要读一种英文的名著，上自希腊、罗马，近到莎翁、雨果；也包括其他地区的名著（但都为英译本）。每种都要交一篇用英文写的内容摘要。这门课很吃重，我的英文程度有限，就用中文来写，而且用了当时流行的文言小说体（类似“鸳鸯蝴蝶派”）；谁知吴师本来就是“敏而好古”的，他不但不批评，还给了高分（他自己的写作也总是用文言的）。他所住的两间居室，就是清华园工字厅的西北隅，曾为梁启超大师旧居。内有任公所书楹联。北墙外是朱自清先生所写《荷塘月色》的荷池，南窗外就是古藤院，因此名曰“藤影荷声之馆”，吴师就在此环境中伏案写作，他家在陕西，十年不归，故又称“空轩”。1934 年，他的《吴宓诗集》将要出版，这都是旧体诗，其中有多首却是西洋诗评，并有大量插图。这些插图需要复制，室内景色和主人生活情形需要留影，都准备载入诗集。此屋附近旧有一所建筑，名古月堂，当年是作为外国教授的西餐厅，也是吴师时常光顾之所。吴师得悉我喜欢摄影，于是有一天他忽然邀我到此“赐宴”，即以照相之事相托。我那时真有受宠若惊之感，更窃喜从此可以接近这位严肃出名的老师。诗集出版后得见赠一册。此集颇和寻常诗集不同，全书约四十万言，分为十四卷，诗篇之外，引文和辑录文字占大半，极有参考价值，可当一代诗史读。我的雕虫小技亦竟蒙提及。此书于抗战中丢失，但有幸竟在重庆的旧书肆中找到一册，失而复得，亦属文字因缘。有诗为证：

‘藤影荷声’古月堂，先生一馔永难忘。
写真末技充诗典，附骥犹沾锦集香。

二　“大布之衣”、“戛戛独造”——回忆闻师及几位师友

清华自 1909 年创办、是一所专为培养“放洋”（出国的旧称）留学的幼年生的摇篮，原为“留美预备学校”，毕业时的程度相当于美国大学的一年级。这所学校原来是用美国退还的一部分庚子赔款办的，经费比当时国内的一般学校充足，建筑设备都很洋化，而且又是全班留学。此校每年录取的新生，除按正规途径由各省

选送优秀学生报考的，称为“留美预备部学生”外，还得接纳某些“关系户”派送来的学生，称“特别生”。这类特别生的成分可谓五花八门。据一份资料所录，不妨看一下这些学员的身价，也是一桩有趣的史料。他们有:“特别官费学生”、“使馆学生”、“教育部稽勋局学生”、“北洋学堂学生”、“税务处学堂学生”、“军谘处学生”、“贵胄学堂学生”、“袁裔学生”(袁世凯家族子弟)等。这些学生只是由清华资送出国并不在校攻读。清华从1925年起就过渡为正规的国立大学，这年入校的“大学部”学生和“旧制”尚未毕业的老生，仍有四年的共同生活机会。教师们则有许多是外籍的，本国的也多为留学回来的，而且还有每五年可出国休假一次的待遇。因此师生们一般的衣着和生活习惯，颇有土洋之别。在这些西装革履的人群里，如出现一两个土里土气的人物，就反而显得突出了。我1928年考入清华，在校的几年中，据我的印象，师生中被视为“土”，只穿布袍的，有好几位。最为突出的教授中是中文系的闻一多先生，助教中有数学系的华罗庚，同学中有历史系的吴春晗。

闻一多先生是清华1922级的留美生，原学美术，回国留校，教先秦文学。我只旁听，未选过他的课。但他那时住在学校最南端的“新南院”(今为“新林院”)，我于1934年毕业留校工作，也住新南院，成了邻居，就有了来往。新南院离中文系教室约有三四里。许多年轻老师靠骑自行车，而闻先生是步行。在早晨总看见他出门，穿件老蓝布的大褂，头发很长，戴顶旧呢帽，大阔边眼镜，足蹬老布鞋。最显眼的是，他去上课从不带大皮包，书籍资料总是用一方块和大褂一色的老蓝布作包袱包上，夹在腋下

（颇像当年琉璃厂旧书铺来校送书的伙计），昂首阔步，旁若无人。他的住宅是四间一套外加厨浴的西式平房。他的客厅如陌生人一进去会吓一跳，好像是进了地下宫殿。他把壁炉用不知何处觅来的汉画像砖砌成如汉墓的墓门，上有一些陶俑、明器之类的摆设。四壁挂满了一色汉碑拓片、用藏青绫子装裱成从天花板直垂到地的宽大挂轴，露不出一点白墙来，令人感到肃穆阴森。他经常躺在摇椅上，叼着烟斗（烟斗成为他的象征，现在清华校园中他的塑像就叼着烟斗），也许在闭目凝思他那《死水》、《红烛》的诗句；或《诗经》、《楚词》的讲稿。他在清华人中是独一无二的一身“古气”。

再有一位是大数学家华罗庚。那时他还是江苏金坛县一名未进过大学的中学教员，因胆敢在数学杂志上，对清华算学系主任熊庆来教授的一篇扬名国际的论文提意见，而受到熊先生的激赏，有意助他深造，他就被破格调来当助教。但他只有初中的学历，限于制度，先安排为系图书馆的助理，然后再转正。我那时常见他穿一件洗掉了色的灰布大褂，一瘸一拐地在校园里走去上课。（他一腿有残疾，后来去国外讲学时治好）。他以一个小县城的中学教员而当上名牌大学的助教，很少先例。他初来时被系里有些学生看轻，及至几个月后，发现他是真有水平，连系主任和名教授杨武之（杨振宁的父亲）、乃至国际的大数学家都重视他，大家这才服了。

还有一位是和我同级（1934）的吴春晗（后改名吴晗）。他读历史学系，因家贫学习刻苦，又对明史研究能广搜正史所无的民间笔记或野史资料，更正了一般对明代史实及年代上的偏见和错误，很得系主任蒋廷黻器重。他曾以北大胡适教授提倡的“大胆假设，小心求证”作为座右铭。我也总见他穿件灰布大褂，厕身于西装革履的同学当中，啸傲自若，足见他后来的刚正气节是始终一贯的。

三　“吹箫吴市”、“卖卜成都”——记抗战中大后方几位文人的“副业”

1937年的七·七事变后，抗战开始，华北及东南大都市的高等院校，多撤退到大后方，其间以四川和云南最为集中。教师们类多饔飧难继，携家带口的尤甚困难。朱自清和闻一多两先生都在昆明的西南联大任教。朱先生颇有“耻食周粟”的气节，虽身体虚弱，而宁可挨饿也不去领取美国的救济奶粉。而闻先生呢，我有天出城，见一着长衫的在公路旁“摺地摊儿”，颇觉稀罕。走近一看，原来是闻先生为过路人刻图章，身旁草地上铺了一块老蓝布（也许就是上文所说的那块包书布吧？），上面放着十几方图章石和刻刀等工具，闻先生盘膝半蹲半坐在一个小板凳上，面容略显清瘦而长发短须，仍显见有一副傲骨。他高度近视，我也未敢惊动，低头而过。谁知第二年我离昆后不久，他和李公朴同被美蒋特务所害，竟成永诀。

1943年我在重庆，有一天上街走过“两路口”，见公路旁贴着岩壁挂有一大幅白被单，上面大书“吴宓在此开讲《红楼梦》”，而不见其人，大概是讲完回家了。我当时心情十分沉重，很想能在此一会吾师。第二天再走过一看，横幅不见了。不知吴先生又向何方去“摆龙门阵”了。当时大后方的许多流亡学者，就是这样地各尽所能，以佐升斗之匮乏的。

1938年我在昆明靛花巷的中央研究院历史语言研究所。全所因避敌机轰炸而迁往远郊的龙头村，租了一所古庙的大殿，继续我们的研究工作（前些年有一部叙述地质学家李四光在大后方艰苦工作的影片，其中有一段大庙场景就是这样）。那时史语所有四个组。一“历史”，主任傅斯年；二“语言”，主任赵元任（已去美）；三“考古”，主任李济；四“社会人类”，主任吴定良。第一组留城，其余三组迁村。我们语言组摊开了历尽千山万水运来的灌片机和语音分析仪器，开始工作，湖北、湖南两省方言的调查报告，就是在这种环境下完稿的。社会人类组则向有关当局商准，从“乱葬岗”里弄来几百具骷髅头，进行民族头骨的测量。这些头骨靠着大殿高墙排列满架。晚间在油灯摇曳的光中走过，其情景可想而知。

所里人员住房问题，各家自行租住民房解决。我租了一家小地主的废弃猪圈上面的一间小屋。一妻三儿，有一个还在襁褓中嗷嗷待哺，入不敷出，也得搞点“副业”。就把猪圈清理了，打了两张小桌，几条板凳。桌上用两块花格子布铺上（这在村里简直就是“麦当劳”了）。再买了几套杯盘，隔三差五地骑车十几里，到城里冠生园批来些蛋糕咖啡，开起个小“沙龙”来，以逐什一之利。我妻当上了卓文君，我则每天清晨自做烧饼卖早点。找了个水缸敲去了底，内部糊泥，下面开口烧炭。把擀好的面饼，沾些芝麻，手托着倒贴在缸内四壁，初干时外行，手背的汗毛都燎没了。我下了班回来再当伙计。那时村中住有中研院的好几个研究所，真有不少名流如梁思成、林徽因、李济、陶孟和诸先生，他们常在下午公余光顾。女主人有时还做点小吃供应。因她姓梅，就有史语所考古组的王天木先生（现在国家博物馆中的张衡地动仪模型就是王先生考古复制的）为我们用篆书写了一张横幅曰“梅园”，每日倒也高朋满座，促膝倾谈，消磨些时光，稍慰乱离之情。几个月下来，居然也有了点赢利，改善了我们一家五口的生活。不过好景不长，一次我进城“办货”，在很窄的田埂上骑车，对面来了一牛车的稻草，不及避让，一个倒栽葱摔下几米深的稻茬田里。左脚别在自行车里，踝骨断裂。养伤两月，幸有云南白药治好，但沙龙从此“刹搁”。

四 “惟大英雄能本色，是真名士自风流”——师庭闲话

数千年来，多少英雄豪杰、经师名士，他们的文章事业彪炳人间。在“正史官书”、“碑铭家传”中的评述，大都是“岸然道貌”之“理”的一面；而在“轶闻野史”、“假语村言”中，却可能是属于“性情中人”之“情”的一面。这类情节，有的湮没无闻；较出名的则演成小说传奇，流传后世。我在清华生活前后六七年，因校园远处西郊，师生全部住校。自成小王国，如在大家庭。其间多有家长里短，趣事秘闻。特别是对有些老师的印象，在教室相对之外，其真情逸事，或得之于目击，或摭拾于耳食，颇有些值得回忆的。例如：有的是赋思归而薄功名；有的则为取经而获佳偶。有的是“抱蓝桥”而甘守空轩；有的竟“渡阴平”而先中雀屏。真个是林林总总，热闹非凡。如一一道来，或竟有伤忠厚。兹略记数人，不限一时一事，想到的就写一些。一来是

表述前贤之率真逸趣，二来还可以帮助后学从多方面了解他们，或不嫌其词费。

众所周知，俞平伯先生是30年代的词学大家。一般讲词学的，多用选集，包括自唐五代到南北宋；俞先生在清华所用教材也是张惠言的《词选》，但这是让学生自读的，而实际讲授的，却几乎全是南宋周邦彦（字美成，集名清真）之作。周词多以咏物写景为题，其典丽沉郁如李商隐，深厚锤炼如杜少陵，而意境高远，极难解析。初学者每喜温、李之浓艳，或苏、辛之豪放，而视周词为畏途。而先生竟能把周词一唱三叹，剖析钩沉，讲得有声有色。特别是对词集中的一首《少年游》讲得入神。俞师著有《清真词释》，自序中说明他之喜爱“清真”，是受其师黄节的影响的。周词固然“深厚沉郁”，而其中也有“漂亮清新”的言情之作，如《少年游》、《南柯子》、《咏梳儿》诸阕。《少年游》全词如下：

并刀如水，吴盐胜雪，纤手破新橙。锦幄初温，兽烟不断，相对坐调笙。

低声问向谁行宿？城上已三更。马滑霜浓，不如休去，直是少人行。

兹录俞先生对此词评语中的一节：

此词醒快，说之则陋。但如“并刀如水，吴盐胜雪”，状冬闺静物，至“明”而且“清”，与感觉心象，匀融无间，写景之圣也……通观全章，其上写景，其下纪言，极呆板而令人不觉者，盖言中有景，景中有情也。先是实写，温香暖玉，旖旎风流；后是虚写，城上三更，霜浓马滑。室内何其甘浓，室外何其凄苦。使人正有一粟华灯，明灭万暗中之感。而其述虚实之景，复含情吐媚，姿态奇横。

我在这里抄录这一大段评语，并不是要侈谈词论。且看他在此书序言中所记的、在一个冬夜和“新婚之妻许氏”（原文）同读此词时的一段韵事：

后来我们同到天津我的舅舅家去，俗谓之“住对月”，正值严冬，斗室温馨（按：音 nún，香也），华灯映水，读此清真的《少年游》而感到趣味。我讲这新婚佚事，或非山妻所喜，却亦稍有取意。

原来他那一大段对周词中“温香暖玉”情景的描写，正是他自己与新夫人在冬夜的温室华灯之下，一同欣赏此词时的切身体会，正所谓“夫子自道也”。所以对周词的评语能有所“取意”。而写得如此真切动人，无论是在冬闺中读此词的以古喻今；还是在课堂上讲此词的现身说法，都是做到和词人的“匀融无间”了。他在此书中对周词的注释每首都长达千百言（例如《少年游》的原词只五十一字，而他的注文竟长达一千八百字）。他曾说宋词的特点是“细、密”，他的评注也是做到这两点的。他每在课堂上讲解时，往往仰面向天，身心全部投入，好像不是在对大家讲，而是在自言自语，旁若无人。就像是他自己在作词。学生们一面听讲，一面跟着他的思路走，也会不觉到了物我两忘的境界，这是一种享受，在别的班上是难得遇到的。

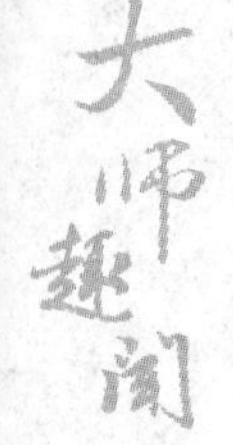

俞师是清末大才子俞樾（曲园）之后，家在杭州。其夫人许宝驯也系出名门。他俩伉俪极笃。有传说先生少年出国留学时，正值新婚燕尔。船到美国，他忽然恋家竟不上岸而原船回国了。这当然是夸大了。不过根据他的一册散文集《燕知草》和朱自清先生的序文，以及上述的在舅家的情节，其伉俪情深却是事实。集中有《城站》一篇，说他从上海乘三等夜车回杭州，一路盘算到家后如何如何，真是“归心似箭”。有如陶渊明归家时的“乃瞻衡宇，载欣载奔”。他到家门口已是深夜，看门的都已睡了。敲门敲了五分多钟。然而……

“……我知道的确已到了家，不忙在一时进去，马上进去果妙，慢慢儿进去亦佳。我已预瞩有明艳的笑，迎候我的归来。这笑靥是十分的‘靠得住’……”

他在“急不可待”的敲门之际，竟作此“欲擒故纵”的徘徊，且看他自己的解释：

“……仿佛小孩闹了半天，抓得了糖，却不就吃，偏要玩弄一下，再往嘴里放。他平常吃糖是多么性急的；但今天因为‘有’得太牢靠了，故意慢慢儿吃，似乎对糖说道：‘我看你还跑得了吗？’在这时小孩是何等的骄傲，替他想一想。”

俞师真可谓“不失其赤子之心”了。

我在清华中文系几年，只读关于文史的课程，初不懂语言学和语音学。及至到了四年级，是最后一年，本系必修课程的学分读满，可以再选读其他的课程。我当时见布告上有北大教授罗常培先生来清华开《中国音韵沿革》的课，以为这门课对作诗有用，就选读了它。谁知一上了课拿到讲义，才了解到《音韵学》虽和《诗韵》有关，但内容宽得多了。罗先生教了一学期就回北大，这门课由刚从法国回来的王力先生接着教。1934年我毕业后留校，任职大学出版事务所。学报等刊物的责编和付印都是我一人来干。那时王力先生交来的一篇稿子，《从元音的性质说到中国语的声调》，将要在《清华学报》刊出，文中有许多“国际音标”，需要细校，而王先生这时远在苏州，寄去校样已来不及，只能由我校对。我对音标还不熟悉，但也只好边干边学，就这样给我以后报考中研院史语所打下基础。

说起王先生去苏州，就是一段佳话。王先生籍贯广西博白，为了要学苏州方言，经朋友介绍，亲到苏州去求偶，果然如愿以偿。夫人名夏蔚霞。“吴侬软语”，竟成“千里红丝”，端是学林韵事。为了学语言或方言而择偶，在国际上已数见不鲜。我认识的同行中有好几位娶了华人。有的是上海人，有的是厦门人，他们都对这种方言作出较深的研究。提到学说方言的本事，赵元任先生是中外闻名的。他学语言是天才加科学。他的外语是英、法、德、日及拉丁，都能说能写，英、法尤其使本国人听不出区别。对国内方言每到一地就“入乡问音”。先抓当地的音系，稍加练习就能说得乱真。王师学方言是另一种路子，全仗苦学。一般两广人士说北京话总免不了带点粤音。据说王先生年轻时就学会普通话，根本是从教材音标上学来的，说得很正规而不带乡音。

在清华时，我因校稿，又为师母照相，得以常常登门。抗战中王师和师母也去了昆明联大。他们历经动乱和磨折，相濡以沫，而情感弥笃。解放后，他们住在北大校园，我也不时去拜访。师母还提起当年给她照相的事，说她生平最满意的一张照片就是我照的。

1980年春，先生结婚四十五周年，有诗曰：

《赠内》

甜甜苦苦两人尝，四十五年情意长。
七省奔波逃猃狁，一灯如豆伴凄凉。
红羊溅汝鲛绡泪；白药医吾铁杖伤。
今日桑榆晚景好，共祈百岁老鸳鸯。

诗中的“七省”：七·七事变后，王师和师母冒险离开北平，取道天津、青岛，然后经郑州、长沙，到达昆明。途经河北、山东、江苏、河南、湖北、湖南、云南七省。“一灯如豆”：在昆明因避敌机轰炸，住乡间，用油灯。“红羊”：旧说古代国家发生灾难，总是在丙午或丁未年；五行中丙丁属火，色赤；未的生肖属羊。十年动乱开始在1967年，正值丁未，故称为“红羊劫”。“铁杖”：动乱中先生备受虐待致伤。当年老教授之处境可想而知。

1980年八月，王师八十寿辰，又值教学五十周年纪念，我曾有词奉祝：

《八声甘州》

喜今朝四海仰宗师，八秩寿乔松。数南坛北苑，
三千桃李，咸被春风。五十春秋事业，著作早身同。语

文兼韵学，一代推崇。　窃幸重陪杖履，有先生馔美，吴语音浓。愧门墙旧列，南郭滥竽充。看今后亲承教诲，升堂附骥效微功。深愿期颐定卜，永驻颜童。

“先生馔”：我几次造府晋谒，师母总亲自入厨治馔相享，此处借用《论语》典故。“效微功”：先生时正撰写京剧唱腔与字眼声调的关系，命我联系内行学者交流切磋。经邀请讨论者，有刘曾复、欧阳中石二位，稿件并由我女婿马龙文校阅，然后发表，具见先生的虚怀若谷，写作谨严。

1984 年春节，我造访王师，蒙赐亲笔条幅一轴，是先生论诗的近作。文曰：

题《历代诗话选》

诗家三昧不难求，形象思维孰与俦。
南国长怀花似火；西楼独上月如钩。

萋萋芳草添游兴；滚滚长江动旅愁。
情景交融神韵在，不烦修饰自风流。

此诗句句用典，对仗极功，而无斧凿痕。立论纯从自然出发。为《诗品》中的神品。可惜此诗未载入先生的《龙虫并雕斋诗集》，更为可宝。特录此以志因缘。

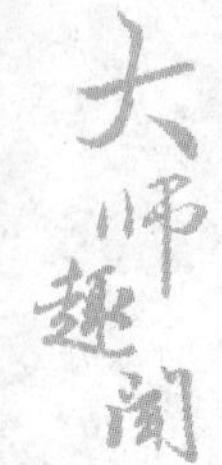

俞平伯与陈寅恪

孙玉蓉

俞平伯（1900.1.8—1990.10.15）是著名文学家、红学家。陈寅恪（1890—1969.10.7）是著名历史学家、国学大师。文史两科本来就是朋友，加上他们都出身于读书世家，曾受到我国传统文化根深蒂固的熏陶，尤其是对古典诗文的默契，使他们一相识就成了知音。

20 世纪 20 年代后期，俞平伯与陈寅恪初相识时，俞平伯尚在燕京大学任教，而陈寅恪已是清华国学研究院导师、教授。年龄和职称的差异，丝毫没有影响他们的交往。1928 年春，他们开始一起讨论唐代韦庄的长篇叙事诗《秦妇吟》。《秦妇吟》不仅是韦庄的生平杰作，也是中国文学史上的代表作。在历史上，它曾留下许多难解的谜。卓然不群的见解无疑使他们的倾谈更加投契。为了便于暇时讽咏，陈寅恪请俞平伯为他书写了一张《秦妇吟》横幅，张诸壁间。俞平伯不仅在长卷上注明了流传写本文字之异同，而且在跋语中说："余与寅恪倾盖相逢，忘言夙契。同四海以漂流，念一身之憔悴。所谓去日苦多，来日大难，学道无成，忧生益甚，斯信楚囚对泣之言，然不自病其惑也。今岁丁香开后，属写此篇。明知字迹尘下，无以塞命，惟念古今来不乏鸿篇巨制，流布词场，而寅恪兄乃独有取于此；且有取于稚弱之笔法，则其意固在牝牡骊黄之外也。”俞平伯在跋语中说出了他与陈寅恪相识相知的经历，也谈到了在不乏鸿篇巨制的古今诗词作品中，陈寅恪独取韦庄的《秦妇吟》做为研究的对象，其中是有深意的。俞平伯的预言不久就变成了现实。陈寅恪果然写出了剖析韦庄讳言《秦妇吟》公案的学术论文《读〈秦妇吟〉》，先是发表在《清华学报》，后又在昆明印成单行本，改题目为《秦妇吟校笺》，其中的论点多与他们畴昔的畅谈有关。可以说，《秦妇吟校笺》中留下了他们谈诗论学的踪迹。

就在陈寅恪求书《秦妇吟》长卷的同时，俞平伯也请陈寅恪为他所抄录诠释的先曾祖《俞曲园先生〈病中呓语〉》题写了跋语。陈寅恪在跋语中写道：“尝与平伯言：‘吾徒今日处身于不夷不惠之间，托命于非驴非马之国，其所遭遇，在此诗第贰、第陆首之间，至第柒首所言，则邈不可期，未能留命以相待，亦姑诵之玩之，譬诸遥望海上神山，虽不可即，但知来日尚有此一境者，未始不可以少纾忧生之念。然而其用心苦矣。’”陈寅恪认为俞曲园《病中呓语》第二至六首所咏军阀割据、弱肉强食的局面，与他们当时的经历十分吻合；而第七首所咏：“从此人间又华胥，偃武修文乐有余”则是可望而不可即的。

1928年秋，俞平伯应聘到清华学校大学部国文系任教，这才与陈寅恪有了更多见面的机会。两年后，俞平伯携眷搬入清华园南院七号居住，恰逢陈寅恪居清华园南院二号，他们成了近邻。假日里，他们曾一同去观看昆剧的表演；一同游览大觉寺，骑驴上管家岭观杏花；他们还曾以同韵作诗，和陶然亭壁间女子题句。

那是1932年10月7日，俞平伯陪父母亲游陶然亭归来，夜不能寐，即作《陶然亭追和雪珊女史题壁韵》一首，云："纵有西山旧日青，也无车马过江亭。残阳不起凤城睡，冷苇萧骚风里听。"而二百年前的女子题壁原作为："柳色随山上鬓青，白丁香折玉亭亭。天涯写遍题墙字，只怕流莺不解听。"不久，陈寅恪作了《和平伯韵》："故国遥山入梦青，江关客感到江亭。不须更写丁香句，转怕流莺隔世听。"又用同韵别赋一首："锺阜徒闻蒋骨青，也无人对泣新亭。南朝旧史真平话，说与赵家庄里听。"他们二人的感时唱和诗同时发表在1932年10月17日天津《大公报》上。共同的兴趣和爱好，给他们的生活增添了许多乐趣。抗战期间，陈寅恪到西南联大、成都燕京大学等校任教，俞平伯则索居古都北平；待1946年冬陈寅恪从英国返回北平清华园时，俞平伯已受聘到北京大学任教了。他们虽然仍有见面的机会，但是，已经不像抗战前住在清华园时那样方便了。1948年12月15日，随着陈寅恪乘机南去，他们便永远失去了见面的机会。

1949年1月5日，正是解放军包围北平城，努力设法和平解放北平之时。俞平伯没有课，他在家中重新翻阅《秦妇吟校笺》，心中思念着乘机南去已有二十天的陈寅恪，尤其惦念着他一家人的安危。两天前，俞平伯刚刚作了一首自遣诗，诗曰："风举寒威健，如弓月又西。安危今莫问，去住昔皆迷。炮殷闻初寐，军巡杂幼啼。愁颜亦相慰，摇烛定中凄。"诗中所述皆为北平围城期间的真实景况。在那寒风凛冽、炮声隆隆、人心惶惶、自身难保的日子里，他能够思念远去的陈寅恪，并在日记中记下了当时的心情，而对与陈寅恪同机南去的胡适却只字未提，可见，他是把陈寅恪视为读书做学问、志同道合的朋友的。所巧的是，就在他思念陈寅恪的次日，即是他的生日——五十初度。他为什么会在自己生日的前夕思念起陈寅恪来呢？我想这正是他在寂寞书斋里，想到往日朋友们小聚之事时，所产生的“遍插茱萸少一人”的思念之情。在此之前，他没想到陈寅恪会南去，他也不希望陈寅恪南去，所以，他才有了怅然若失之感。

建国后，陈寅恪先后在岭南大学、中山大学任教授，俞平伯转入了中国科学院文学研究所任研究员。1954 年 10 月，一场意想不到的批判“红楼梦研究权威作家”俞平伯的“错误观点”的运动迅雷不及掩耳地开展起来。据后来统计，在这次运动中，全国文史学科的著名教授、学者能够像陈寅恪一样，不参加座谈会，不发表批判文章，不表态，不作违心检讨的，几乎很难找到第二位。陈寅恪的学者风骨由此可见一斑。其实他对这场运动并非默不作声，而是以一首《无题》诗记下了他与当时的形势极不和谐的心声。诗曰：“世人欲杀一轩渠，弄墨然脂作计疏。猧子吠声情可悯，狙公赋芧意何居。早宗小雅能谈梦，未觅名山便著书。回首卅年题尾在，处身夷惠泣枯鱼。”作者在尾联自注：“昔年跋春在翁有感诗云：‘处身于不夷不惠之间’。”“春在翁”即俞平伯曾祖父俞曲园先生，“处身于不夷不惠之间”一语恰好出自陈寅恪的《俞曲园先生〈病中呓语〉跋》中。从作者的自注中，我们得知《无题》一诗是有感于俞平伯事件所咏。作者认为俞平伯因为“弄墨然脂”考虑欠周，这才惹来了“世人欲杀”这一闹剧。他认为群起而攻者其实并不知真实原因所在，不过是听风即雨，人云亦云。他认为俞平伯昔日为《红楼梦》一书所写下的文字还是可以的，如今“未觅名山便著书”就找来麻烦了。他想起了三十年前所说的话，如今的处境仍然如此。末一句表达了他怀念俞平伯的感伤情怀。从“泣枯鱼”三字可知，他对俞平伯命运的估计比事实还要严峻些。全诗蕴含着为文弱书生俞平伯抱不平的思想，更有“物伤其类，唇亡齿寒”之意。

因为得不到俞平伯的确切消息，陈寅恪对他的牵挂一直萦绕心间，1957 年夏，当俞平伯的表弟、民革中央主席许宝骙到中山大学拜访陈寅恪时，双目失明已经十余年的陈寅恪详细询问了俞平伯的近况：从他的住房到他的写作，甚至问及他在苏州的祖屋曲园故居是否还在。当他听了许宝骙的详细介绍后，他才放了心，连声说：“那就好了！那就好了！”

“文革”期间，陈、俞二人的遭际，南北无异。1975 年春，俞平伯在整理抄家清退的书籍中，偶然发现了昔年陈寅恪赠送的《秦妇吟校笺》小册子。再次展读老友的旧作，近五十年前谈诗论学的往事又浮现在眼前，而老友久已下世，他慨叹“虽有愚见，就正无由，诚不胜回车腹痛之悲，悬剑空垅之恨矣”。因此，他写下了《读陈寅恪〈秦妇吟校笺〉》一文，发表在《文史》杂志上，以此纪念陈寅恪先生。

1978 年春，适值俞、陈二人结文字缘五十周年之际，也是陈寅恪作古的第十个年头，俞平伯应嘱为即将出版的《陈寅恪文集》题了词：“覃思妙想，希踪古贤；博识宏文，嘉惠来学。名山事业，流水人琴。寅恪先生文集传世。”俞平伯的题词对陈寅恪的学术著作给予了恰当的评价，对《陈寅恪文集》的出版寄予了最美好的祝愿。这象征着俞、陈二人友谊的题词也将随着《陈寅恪文集》的问世而流传千古。

俞平伯与瞿秋白

孙玉蓉

从 1923 年 7 月 30 日瞿秋白《致胡适》信中，我们知道瞿秋白于 1923 年 7 月中旬初，曾到杭州烟霞洞访问过胡适，通过胡适的热心推荐，瞿秋白顺利地找到了一份兼职工作：为上海商务印书馆各杂志写稿子，编辑《小百科丛书》，并从事翻译工作。那时，瞿秋白已经受聘为上海大学社会学系主任、教授，只因收入较低，不敷家用，这才想到第二职业。瞿秋白十分感激胡适给予的帮助，特以自己参加主编的中共中央机关刊物《新青年》和《前锋》杂志两本创刊号寄赠胡适，向胡适致谢。但是，瞿秋白与胡适的第一次见面是由俞平伯引荐的，这一点却是鲜为人知的。

1998 年 3 月 25 日，在北京召开的“《俞平伯全集》出版座谈会”上，中国社会科学院文学研究所古典文学家邓绍基先生讲了俞平伯先生的这段轶事。五六十年代，邓绍基大学毕业分配到文学研究所工作后，因为从事古典文学研究，所以，常到俞先生家中请教。那时，俞平伯已是著名学者，大名鼎鼎，年轻人在他面前总难免有些拘谨，于是，俞平伯就常常在学问之外，讲些往事活跃气氛。一次，他谈到他的北大同学张国焘，也谈到他在上海大学的同事瞿秋白。他说瞿秋白平易近人。20 年代初，他在杭州时，有一次和瞿秋白一起去烟霞洞看胡适，天热路远，他又不了解作为共产党员的瞿秋白的脾气秉性，生怕瞿秋白提议步行去烟霞洞，那他就吃不消了。因此，他们商定届时分头走，到目的地打碰头。那一天，当俞平伯到达烟霞洞下轿的时候，他看到不远处瞿秋白也正从轿子里走出来，他的疑虑立即打消了，心头感到一阵轻松，他和瞿秋白的距离也随之拉近了。这段轶事说的就是 1923 年 7 月中旬初，俞平伯陪瞿秋白访胡适这件事。

“五四运动”前夕，俞平伯在北京大学读书期间，他对早期共产党人陈独秀、李大钊、邓中夏、张国焘等就都有所了解与接触。1917 年初，陈独秀受聘到北京大学任文科学长（相当于后来的文学院院长）时，住在北池子箭杆胡同 9 号，《新青年》编辑部也设在那里，与俞平伯家为邻。当时，北大同学给《新青年》杂志的投稿，都是通过俞平伯送到陈独秀手中的。1920 年，陈独秀到上海工作后，俞平伯也曾几次到他上海的家中拜访。相比之下，俞平伯与北京大学图书馆主任、教授李大钊的交往就少多了，但是，李大钊对傅斯年、罗家伦、俞平伯等人组织的新潮社曾给予热情的支持，也曾与陈独秀一起参加新潮社的社员大会，他们之间见面的机会总是有的。如果说陈独秀与李大钊都属于先生和长辈的范畴，那么，邓中夏与张国焘则是与俞平伯年龄相仿的同学了。1919 年 3 月，邓中夏等人在北京大学发起组织“以增进平民知识、唤起平民之自觉心为宗旨”的平民教育讲演团时，俞平伯也曾加入该组织，成为一名讲演员。他不仅参加了邓中夏主持召开的平民教育讲演团大会，而且也参加了到民众中作宣传的演讲。虽然他与邓中夏的个人交往不太多，但是，可以肯定地说，他们之间是熟悉的。在这几位早期共产党人中间，俞平伯与瞿秋白接触的时间最短，只有在上海大学同事半年，而去烟霞洞访胡适又是在做同事之前；事隔数十年后，俞平伯仍对此事记忆犹新，可见瞿秋白给他留下的印象极深极好，瞿秋白的文人气质确实与众不同。如果不是俞平伯先生亲口所讲，邓绍基先生亲耳所听，又在数十年后，再次谈及，此事就将永远淹没在历史的长河中。

其实，瞿秋白在 1923 年 7 月 30 日《致胡适》信中，已经透露出俞平伯在他与胡适之间所起的作用。他说：他已写了关于上海大学设想的文章，寄给了俞平伯。“平伯见先生时，想必要谈起的。我们和平伯都希望上大能成为南方的新文化运动中心。”试想，瞿秋白怎么知道俞平伯常去看胡适？他又怎么知道俞平伯必会向胡适谈上海大学的事呢？他在信中三次提到“平伯”的名字，这已经很清楚地告诉我们：他是通过俞平伯的引荐而见到胡适的。只是我们在此之前，没有证据证明罢了。那么，瞿秋白是如何结识俞平伯的呢？据分析，由邓中夏介绍瞿秋白认识俞平伯的可能性比较大。

俞平伯与邓中夏是北京大学文科国文门的同学。前者 1915 年考入北大，后者 1917 年考入北大。他们都是“五四运动”的积极参与者。1923 年 4 月，邓中夏经李大钊推荐，任上海大学校务长后，为办好上大，他拟定了聘请具有真才实学的学界人士担任教职的方案。俞平伯便是他选中的最年轻的教授之一。1923 年 6 月，俞平伯高兴地接受了邓中夏的聘请，任上海大学中国文学系教授，自秋季开学上任。瞿秋白与俞平伯几乎同时受聘于上海大学，作为未来的同事，他们有认识的必要。况且，瞿秋白与邓中夏同为中国共产党早期领导成员，又是上海大学同一党小组的成员。1923 年 7 月 8 日，他们刚刚在一起开过上海党员全体大会。几天后，瞿秋白带着邓中夏的介绍信，到杭州请俞平伯陪访胡适，应该是顺理成章、易如反掌的事情。

俞平伯夫妇手抄《红楼梦》

孙玉蓉

红学家俞平伯不仅研究《红楼梦》，而且亲手抄写过《红楼梦》，俞家至今仍保存着这部手抄本《红楼梦》，如果不是亲眼所见，真让人难以置信。

数年前，我到北京拜访俞平伯先生的儿子俞润民夫妇，有幸看到了这部“俞平伯手抄本《红楼梦》”。据说，它是俞平伯去世后，家人整理遗物时，从老人床下的木箱里找到的。此抄本用北京东四西同和兴印刷厂印制的朱丝栏双面稿纸抄写，每面 10 行，每行 25 字，中缝印着“同和兴印”四个红字。开本长 25.5 厘米，宽 18 厘米，线装，现存共有 19 册，厚约 11 厘米。抄本为繁体字，直行，无标点，蝇头小楷抄写，一字不苟。全书共 80 回，其中 63 回以前的部分，均为每三回钉一册；此后部分，也有两回钉一册的，如第 69 至 70 回；也有一回钉一册的，如第 74 回和第 75 回。从笔迹上看，可以判断出是俞平伯夫妇俩合抄的：俞平伯的字体稍大，显得丰满遒劲；俞夫人的字体稍小，看上去更纤秀一些。有的整回均由俞平伯或夫人所抄，也有的一回内就有夫妇俩的笔墨。如第 80 回，开首为俞夫人所抄，一页半后，由俞平伯接抄，五页半后，又由俞夫人接抄至终。这种情况在全书中屡见不鲜，让人想见夫妇俩似乎是在赶时间抄写这本书。他们究竟为什么要抄写《红楼梦》？抄的是哪一个版本？又是在什么时间抄写的呢？这些事情连他的亲属也不清楚，因为他们也不曾听老人谈起过此事。经查对发现，俞平伯夫妇手抄的原来就是50年代俞平伯整理校勘的《红楼梦八十回校本》。

早在20年代，俞平伯刚刚开始研究《红楼梦》时，他就想做版本校勘的工作。他愿意把许多《红楼梦》的本子聚集拢来校勘，以为校勘的结果一定可以得到许多新见解。他的这个夙愿直到三十年后才得以实现。1953年，他由北京大学调到中国科学院文学研究所古典文学研究室任研究员时，高兴地接受了辑录脂砚斋本《红楼梦》评注的工作，不久，又承担了整理校勘《红楼梦八十回校本》的任务。1953年10月，他写成了《辑录脂砚斋本〈红楼梦〉评注的经过》，发表在1954年7月《光明日报·文学遗产》副刊。同年，还发表了《读〈红楼梦〉随笔》38则和《曹雪芹的卒年》等作品。1954年秋天，他遭受到了那场不公正的批判，直至1955年初，写出“自我检讨”为止，运动持续了半年多。此后的一年多时间里，他几乎没有发表作品。据推测，这段时间正是他集中精力校勘八十回本《红楼梦》的时候，因为1956年5月，他的《〈红楼梦八十回校本〉序言》发表在《新建设》杂志第5期上，这说明校勘工作已经基本完成。1958年2月，《红楼梦八十回校本》由人民文学出版社出版。由此推测，俞平伯夫妇手抄《红楼梦》的时间在1955至1956年之间，即校勘《红楼梦》的工作基本完成而稿子尚未交到出版社的时候。他们究竟用了多少时日如此精心完整地抄写了这部近七十万字的《红楼梦》八十回校本，现在已经无从知道了。只是从这部手抄《红楼梦》中，我们看到了俞平伯先生对《红楼梦》这部书感情的深厚，对《红楼梦》研究工作的执著以及处世的豁达大度；同时，也看到了俞夫人对丈夫的理解和在精神上所给予的巨大支持。

“文革”期间，俞平伯的大部分藏书被焚毁，剩下的一些书籍和手稿也被抄没。1973 年后，发还了一部分手稿和书籍，所幸《红楼梦》手抄本也在其中，不过已经是残缺的了。细校全书，共缺少了 29 回，估计有 10 册的样子。更为遗憾的是，其中的第一册，即第 1 至第 3 回的那一册也丢失了，俞平伯先生在书前是否写有什么“缘起”或“说明”之类，也不得而知了。不过，俞平伯夫妇手抄《红楼梦》的初衷是不言而喻的。俞平伯先生研究《红楼梦》的版本多年，对于自己亲自勘订的，且自认为是比较近真的校本，自然会格外喜欢，夫妇俩联手抄写，保留下这一“俞平伯校本”，无疑是十分有意义的。就夫妇俩本身而言，他们从中得到了精神慰藉和心理上的补偿；从《红楼梦》版本来看，它是一种进步和出新；就是在《红楼梦》研究的发展史上，它也是一段佳话，一段趣闻。

智品书业（北京）有限公司

更方便的购书方式：

方法一：登录网站http：//www.zhipinbook.com联系我们；

方法二：直接邮政汇款至：

北京市西城区北三环中路甲六号出版创意大厦7层

收款人：吕先明　　　邮编：100120

方法三：银行汇款：中国农业银行北京市朝阳路北支行

账号：622 848 0010 5184 15012

收款人：吕先明

注：如果您采用邮购方式订购，请务必附上您的详细地址、邮编、电话、收货人及所订书目等信息，款到发书。我们将在邮局以印刷品的方式发货，免邮费，如需挂号每单另付3元，发货7-15日可到。

咨询电话：010-58572701（9：00-17：30，周日休息）

网站链接：http：//www.zhipinbook.com